El Caballero de Olmedo

Letras Hispánicas

Lope de Vega

El Caballero de Olmedo

Edición de Francisco Rico

UNDECIMA EDICION

CATEDRA

LETRAS HISPANICAS

Cubierta: Mapa de G. Blaeu, *Atlas maior*
«Regnorum Hispaniae nova descriptio»

© Ediciones Cátedra, S. A. 1991
Telémaco, 43. 28027 Madrid
Depósito legal: M. 18.894-1991
ISBN: 84-376-0309-9
Printed in Spain
Impreso en Anzos, S. A. - Fuenlabrada (Madrid)

Índice

A
la gala de Medina,
la flor de Olmedo,
la gente de don Alonso
en el campo de Valladolid

Introducción

La poesía dramática
de
El Caballero de Olmedo

El pie forzado lo daba el cantar:

> *Esta noche le mataron*
> *al Caballero,*
> *la gala de Medina,*
> *la flor de Olmedo.*

Cierto: en la España de Lope, la leyenda del Caballero de Olmedo se cifraba en el claroscuro de esa seguidilla. Pero si la raíz de la leyenda había sido la muerte de don Juan de Vivero en 1521, del Caballero, a vuelta de un siglo, seguía recordándose antes la muerte que la gala. Era la suya «trágica historia» (2731) por definición, porque estaba presidida por «la tragedia de la muerte»[1].

Un día cualquiera en los aledaños de 1620, así, cuando Lope se sienta a la mesa de trabajo, traza una cruz con unas iniciales devotas sobre el papel en blanco y escribe EL CABALLERO DE OLMEDO, no puede sino añadir *Trag...*

---

[1] «... porque acabaron la comedia de la vida en la tragedia de la muerte»; «Prólogo al lector», *Decimaséptima parte de las comedias de Lope de Vega*, Madrid, 1621, citado en el fundamental artículo de E. S. Morby [1943], pág. 196 (al que G. Bradbury [1981] añade algún pequeño complemento). Nota bien A. S. Trueblood [1970], pág. 309, que el verso 2731, penúltimo de la obra, revela el predominio de lo trágico en el balance de cuentas definitivo. (Un nombre seguido de un año entre [paréntesis cuadrados] remite a la bibliografía de las págs. 95-99.)

Un momento. Al 'arte viejo' no le bastan el final desgraciado, una última verdad y un trasfondo históricos[2], ni aun «sombras» y «nuncios»[3]: pide más para tragedia, «estilo superior», especie «digna de mayores pensamientos..., que a la tragedia no se puede atrever toda pluma»[4]. Lope lo sabe muy bien, y no siempre quiere perderle el respeto a Aristóteles. Desde Fernando de Rojas, sin embargo, «la costumbre de España... tiene ya mezcladas —contra el arte— las personas y los estilos», «la sentencia trágica / a la humildad de la bajeza cómica», «de cuya variedad tomó principio la tragicomedia»[5]. De suerte que Lope completa: *Tragicomedia*.

Sin duda que sí. Cuando la copla evocaba la muerte junto a la gala, ¿no proponía, sin más, un esbozo de 'tragicomedia'? Pero, por ahí, el tono y el tema sugeridos por la tradición se ajustaban de maravilla a las convicciones de Lope sobre cómo ser fiel a la «naturaleza» con una literatura igualmente preocupada por la «belleza» y por la medida en que se «deleita» a discretos y a necios:

> *Lo trágico y lo cómico mezclado,*
> *y Terencio con Séneca...,*

---

[2] «Por argumento la tragedia tiene / la historia, y la comedia el fingimiento» (*Arte nuevo de hacer comedias*, ed. J. de José Prades, Madrid, 1971, versos 111-112). Lope jamás da desenlace triste a una trama de invención exclusivamente suya: cuando lo hay, viene de las fuentes literarias o de la realidad dramatizada.

[3] *El castigo sin venganza* —declara el autor— «está escrita al estilo español, no por la antigüedad griega y severidad latina: huyendo de las sombras, nuncios y coros, porque el gusto puede mudar los preceptos, como el uso los trajes y el tiempo las costumbres» (en Biblioteca de Autores Españoles, XXIV, pág. 567). No obstante, en *El Caballero de Olmedo* la «Sombra» e incluso las «sombras» tienen un papel importante (vid. abajo, pág. 74), y Tello, en la conclusión, es «trágico y desdichado nuncio, más lloroso y con más razón de dolor que en el *Hipólito* de Séneca» (como de sí proclama Laurencio en *La Dorotea*, V, 11, ed. E. S. Morby, Madrid, 1968², pág. 455, y cfr. 11 y ss.).

[4] Dedicatoria de *Las almenas de Toro*, en L. de Vega, *Obras*, ed. Menéndez Pelayo, VIII, pág. 79.

[5] *Ibidem*, con inserción de *Arte nuevo*, 191-192.

> *harán grave una parte, otra ridícula,*
> *que aquesta variedad deleita mucho:*
> *buen ejemplo nos da naturaleza,*
> *que por tal variedad tiene belleza[6].*

El arte nuevo lopeveguesco, pues, había de acoger con particular facilidad la propuesta dramática que latía en la seguidilla. Ni es indiferente que para el común de los españoles[7], hacia 1620, la leyenda del Caballero se redujera a un cantar que contrastaba luces («gala», «flor») y sombras («noche», «le mataron»), en un juego de oposiciones y correspondencias estricta, constitutivamente poético. Porque, si la poesía ha ejercido siempre una singular presión sobre el teatro castellano —del *Auto de los Reyes Magos* a García Lorca—, en Lope están probablemente los logros más cabales de esa presión[8]. En Lope, en efecto, los procedimientos arquetípicos de la poesía (por ejemplo: paralelismo, polisemia, metáfora) tienden a convertirse en modelo estructural de la construcción dramática, impregnada, por otra parte, de los modos y motivos de la lírica coetánea. En el caso concreto de nuestra pieza, el núcleo argumental, al llegar —a autor y a público— filtrado por la copla, iba asociado a una coloración y una pauta distin-

---

[6] *Arte nuevo*, 174-180. Véanse sólo los capitales ensayos de R. Menéndez Pidal [1935] y J. F. Montesinos [1967], págs. 1-20 («La paradoja del *Arte nuevo*»).

[7] En comparación, pocos conocerían el baile teatral a que se ciñe el tercer acto de la tragicomedia (cfr. abajo, págs. 45-51, 65), y aun esos pocos tendrían sobre todo presente la popularísima seguidilla, donde se concentran óptimamente los dos cuadros que componen el baile: el triunfo y la desgracia de don Alonso.

[8] Cuyo efecto más visible es la polimetría de la comedia, o, si se quiere, la renuncia a la creación de un metro propiamente dramático: piedra de escándalo de los críticos de antaño, al cotejar la situación española con la francesa, inglesa o italiana (vid. J. F. Montesinos [1967], págs. 13-14).

tivamente líricas. De ahí el paradigma que domina en *El Caballero de Olmedo*[9].

Con el tamiz de la seguidilla, digo, autor y público coincidían en el modo de mirar al Caballero: empezando por el final, por la inminencia de «*esta* noche» o la seguridad de que «le mataron». El griego de la edad clásica asistía a la tragedia con un cierto conocimiento previo de la trama y, de cualquier forma, el prólogo se encargaba de apuntalárselo sobradamente (la tragedia y el *suspense* tienen poco que ver, en especial si el folklore anda por medio)[10]. El espectador madrileño del Seiscientos había leído los anuncios de la función —pintados con almagre—, o alguien, quizá ya en el corral, le había enterado cuando menos del título: *El Caballero de Olmedo;* y ya poseía el dato esencial. El *Arte nuevo* era tajante sobre el requisito de mantener insatisfecha la curiosidad de la audiencia por el desenlace:

> *Ponga la conexión desde el principio*
> *hasta que vaya declinando el paso,*
> *pero la solución no la permita*
> *hasta que llegue a la postrera escena,*
> *porque, en sabiendo el vulgo el fin que tiene,*
> *vuelve el rostro a la puerta...*[11]

---

[9] Las presentes páginas son simplemente una aproximación a tal paradigma: ni pueden dilucidarlo por completo, ni menos cabe esperar que rocen siquiera todas las cuestiones que se dejan relacionar con él directa o indirectamente. Tampoco las observaciones incluidas más abajo, págs. 61-75, aspiran a tener otra cosa que un carácter indicativo. Para un estudio crítico medianamente satisfactorio hay que recurrir a una bibliografía amplia y desigual, por fortuna admirablemente valorada por B. W. Wardropper [1972] y por J. Sage [1974], en ambos casos con aportaciones de relieve; entre los trabajos posteriores hay que destacar J. Casalduero [1975] y E. M. Wilson [1980]. Otras apreciaciones globales de la tragicomedia que me parecen de notable interés se deben a M. Socrate [1965], D. Marín [1965] y W. F. King [1971].

[10] Compárese R. Jakobson, *Questions de poétique*, París, 1973, página 61.

[11] Versos 232-237. Cfr. todavía 298-304: «En el acto primero ponga el caso, / en el segundo enlace los sucesos, / de suerte que hasta el medio.

El precepto, no obstante, servía sobre todo para la comedia nuestra de cada día. Ante *El Caballero de Olmedo*, Lope estaba perfectamente al tanto de que las gentes iban a sentarse en los bancos o apiñarse en la cazuela sin olvidar ni por un momento «que de noche le mataron...». Conque el propio Fénix, con aguda percepción estética, determinó hacer virtud de la necesidad y 'permitir la solución' desde las primeras escenas, avivar una y otra vez la certeza de cómo concluía *El Caballero de Olmedo*.

Si la eficacia poética del cantar erigía a la muerte en protagonista de la tragicomedia [12], el cantar era también el lugar de encuentro de Lope y el público, de Lope y el pueblo: respetar el protagonismo de la muerte —por encima de «la gala»— equivalía a potenciar la complicidad de autor y espectadores —por encima de los personajes—, a afianzar el vínculo definitorio del hecho dramático. En esos hilos se trenzan los rasgos más decisivos de *El Caballero de Olmedo*.

Los personajes, así, van descubriendo o adivinando con angustia la sentencia que han dictado la copla, Lope y el público. Don Alonso Manrique, el héroe de la obra, toma conciencia de su destino a través de una tristeza sin razones (1029-1030), de sueños agoreros (1747 y ss.), de «embustes de Fabia» (2280) con disfraz de Sombra o de labrador: dudas y presagios, todos ellos, rechazados en nombre de las mismas cualidades de carácter, de la misma nobleza de talante [13], que espolean el rencor de don Ro-

---

del tercero / apenas juzgue nadie en lo que para. / Engañe siempre el gusto y, donde vea / que se deja entender alguna cosa, / dé muy lejos de aquello que promete».

[12] Cfr. A. Zamora Vicente [1961], pág. 214.

[13] Vid. J. F. Montesinos [1967], págs. 23 y ss. (y 305-306); sobre el «pundonor» como resorte del drama se ha escrito repetidamente, desde I. I. MacDonald [1935] a A. E. Schafer [1978]; para otros rasgos en el retrato del protagonista, cfr. J. Sage [1974], págs. 46-51, 63-64 (el mismo estudioso da una útil presentación de los restantes personajes, págs. 52-59). W. C. Mc Crary [1966], págs. 114-124, 137-143, ha analizado a don Alonso desde el punto de vista de la antigua teoría

drigo, el galán rechazado. Apenas es preciso subrayarlo. Pero sí hay que insistir en que la anticipación del desenlace no se limita a los «avisos del cielo» (2466) o de Fabia, ni a las corazonadas del Caballero, sino que se prodiga con exquisita puntería en alusiones que funcionan impecablemente en una situación dada, pero sólo en la perspectiva de tal desenlace triste cobran un sentido más pleno y más real. «Ironía trágica» (o «sofoclea») se llama esta figura de alto coturno[14]. Por ejemplo, en el retrato que Fabia pinta de don Alonso:

> *Cuchilladas y lanzadas*
> *dio en los toros como un Héctor...*
> *Armado parece Aquiles*
> *mirando de Troya el cerco;*
> *con galas parece Adonis...*
>
> (855-861)

¿Qué más normal que semejantes piropos? Y, sin embargo, términos de ponderación tan socorridos como Héctor, Aquiles y Adonis adquieren nuevo valor dramático si se repara en su común fortuna: la muerte temprana y desgraciada (y por supuesto que Lope repara en ella: «¡Mejor fin le den los cielos!», termina el elogio de Fabia).

La ironía trágica —cito a María Rosa Lida— «no es un artificio: al fin, una vida se intuye en su cabal valor sólo cuando ha acabado; sólo entonces se percibe el dibujo de conjunto que formaban los pequeños hechos de cada día». Tal «dibujo de conjunto» puede hacerse

---

de los humores, como muestra del temperamento *melancólico* (del que se decía que «sueña cosas negras, obscuras, tristes y de muertos», hasta «conocer lo que está por venir»); vid. al respecto los valiosos materiales de A. Albarracín Teulón, «Lope de Vega y el hombre enfermo», *Cuadernos hispanoamericanos*, núm. 161-162 (1963), páginas 454-463, etc. (entre otros trabajos del autor).

[14] Véase la básica contribución de M. R. Lida de Malkiel [1962], páginas 250 y ss. (y *s. v.*).

presente en *El Caballero de Olmedo* en distintos modos, a cual más sabio: en tanto recuerdo de la seguidilla, verbigracia, cuidadosamente estimulado a veces, como al cerrar el primer acto citando los dos últimos versos (886-887) y dejando al público la emoción de rememorar los dos primeros; o en el prodigioso cruce de planos temporales en que don Alonso oye sonar —y suena por primera vez— la copla que le anuncia la muerte y que le guardará «después de muerto viviendo / en las lenguas de la fama» (2704-2705)[15], y la supone

> *canción*
> *que por algún hombre hicieron*
> *de Olmedo, y los de Medina*
> *en este camino han muerto.*
> (2421-2424)

Pero si en *El Caballero de Olmedo* tragedia es muerte, es también —a ello voy— amor[16]; y uno y otro, destino: el destino que late inexcusablemente en el corazón de lo trágico. Oigamos las palabras de don Alonso en el mismo pórtico de la obra:

> *Amor, no te llame amor*
> *el que no te corresponde,*
> *pues que no hay materia adonde*
> *imprima forma el favor.*
> *Naturaleza, en rigor,*   5
> *conservó tantas edades*
> *correspondiendo amistades;*
> *que no hay animal perfeto*
> *si no asiste a su conceto*
> *la unión de dos voluntades.*   10
>   *De los espíritus vivos*
> *de unos ojos procedió*

---

[15] Cfr. A. Lefebvre, *La fama en el teatro de Lope*, Madrid, 1962, páginas 63-64.

[16] Ténganse en cuenta, al propósito, las observaciones de E. S. Morby [1943], págs. 198-199.

este amor, que me encendió
con fuegos tan excesivos.
No me miraron altivos,   15
antes, con dulce mudanza,
me dieron tal confianza;
que, con poca diferencia,
pensando correspondencia,
engendra amor esperanza.   20
    Ojos, si ha quedado en vos
de la vista el mismo efeto,
amor vivirá perfeto,
pues fue engendrado de dos;
pero si tú, ciego dios,   25
diversas flechas tomaste,
no te alabes que alcanzaste
la vitoria, que perdiste,
si de mí solo naciste,
pues imperfeto quedaste.   30

Parece un prólogo meramente ornamental, en esas
décimas que «son buenas para quejas»[17]; de hecho,
tiene una enorme sustancia dramática y poco que ver
con las «quejas» del amante al uso. El recuerdo inicial
de la vieja teoría hilemórfica (por una vez, sin el sobreen-
tendido *ut femina virum*)[18] basta para aclarar de qué

---

[17] *Arte nuevo*, 307.

[18] Con esa implicación fundamental, en efecto, venía aduciéndosela
en la literatura desde *La Celestina*, I («¿No has leído el Filósofo [Aris-
tóteles, *Física*, 192a], do dice: 'Así como la materia apetece a la forma,
así la mujer al varón'»), y con ella la menciona Lope a menudo (cfr. *La
Dorotea*, ed. E. S. Morby, pág. 95, n. 91, y secundariamente P. N. Dunn,
«'Materia la mujer, el hombre forma'. Notes on the Development
of a Lopean *Topos*», *Homenaje a W. L. Fichter*, Madrid, 1971, páginas 189-199); pero en *El Caballero de Olmedo* la idea se usa más bien
como ilustración de la doctrina clásica y cortés de que «aitals amors
es perduda / qu' es d'una part mantenguda» (Bernart de Ventadorn,
ed. M. de Riquer, *Los trovadores*, I [Barcelona, 1975], pág. 353).
Ramón Pérez de Ayala parafrasea la primera décima más crudamente:
«hasta el gran Lope de Vega escribió que no hay otro amor que este
que por voluntad de natura se sacia con el ayuntamiento de los que se
desean» *(Belarmino y Apolonio*, ed. A Amorós, Madrid, 1976, pág. 64).

va la cosa: don Alonso sólo tendrá vida si se la da el amor de doña Inés (pronto se nos dirá el nombre de la dama), la materia no existe si no la actualiza la forma (1-4). Porque, además, sólo a través del amor da y conserva la vida Naturaleza (5-10). Es ésta una constante en la cosmovisión de Lope (y de otros innumerables antepasados y coetáneos, desde luego)[19], en la que más abajo abunda un personaje:

> *Cuanto vive, de amor nace*
> *y se sustenta de amor...*
> (481-482)

Atendamos al «Prólogo dialogístico» de la *Décimasexta parte de las comedias de Lope* (Madrid, 1621): «Nadie se podrá persuadir, con mediano entendimiento, que la mayor parte de las mujeres que aquel jaulón encierra, y de los ignorantes que asisten a los bancos, entienden los versos, las figuras retóricas, los conceptos y sentencias» como los de la primera décima de *El Caballero de Olmedo;* pero «algunos doctos y cortesanos habrá también que agradezcan a los poetas sus estudios»: y, en nuestro caso, al ver aparecer en escena al Caballero (el protagonista que titulaba la obra era, obviamente, el primer actor, quizá un oportunísimo Alonso de Olmedo)[20], al oír sus primeros versos, ellos apreciarían el

---

[19] Véase, por ejemplo, P. Dronke, «L'amor che move il sole e l'altre stelle», *Studi medievali*, VI (1965), págs. 389-422, y M. Lapidge, «A Stoic Metaphor in Late Latin Poetry: the Binding of the Cosmos», *Latomus*, XXXIX (1980), págs. 817-837; o, para algunas muestras de la fortuna española del motivo (en tiempos de Lope, particularmente en deuda con el neoplatonismo italiano), O. H. Green, *Spain and the Western Tradition*, Madison y Milwaukee, 1963-1966, vol. II, cap. II, páginas 52-63 (hay trad. esp., Madrid, 1969), y F. Rico, ed., A. Moreto, *El desdén, con el desdén*, Madrid, 1978², pág. 15.

[20] «Donde muere el héroe, que es el primer galán, es tragicomedia» (J. Pellicer, ed. J. Canavaggio, «Réflexions sur l'*Idea de la comedia de Castilla*», *Mélanges de la Casa de Velázquez*, II [1966], pág. 207). La mayor ventaja de la hipótesis que atribuye el estreno de la tragicomedia al «primer galán» Alonso de Olmedo (vid. abajo, pág. 64) tal

irónico contraste entre el amor cósmico y el amor de don Alonso, fuente de vida el uno y siembra de muerte el otro (según lo aseguraba la tradición).

Disfrazado de Tomé de Burguillos y «hablando como filósofo», Lope le explicaba el nacimiento del amor a la incomparable Juana de Manzanares:

> *Espíritus sanguíneos vaporosos*
> *suben del corazón a la cabeza*
> *y, saliendo a los ojos, su pureza*
> *pasan a los que miran amorosos.*
> *El corazón opuesto, los fogosos*
> *rayos sintiendo en la sutil belleza,*
> *como de ajena son naturaleza,*
> *inquiétase en ardores congojosos...*
> *Mira, Juana, qué amor, mira qué engaños,*
> *pues hablo en natural filosofía*
> *a quien me escucha jabonando paños*[21].

De jabonar paños vendría buena parte de la concurrencia que escuchaba al Caballero traducir el proceso de su amor (11-14) a una «natural filosofía» igualmente concorde con la prosa de *La Dorotea:* «Como el sol, corazón del mundo, con su circular movimiento forma la luz, y ella se difunde a las cosas inferiores, así mi corazón, con perpetuo movimiento, agitando la sangre, tales espíritus derrama a todo el sujeto, que salen como centellas a los ojos»; «el amor, a los principios, pasa por aquellos espíritus sutiles de átomo en átomo a inficionar la sangre, y en la más pura tiene asiento»[22]. Los «doctos y cortesanos» comprendían perfectamente pareja óptica amorosa; pero a Juana de Manzanares, «las mujeres» y «los ignorantes», sin haber leído a Marsilio Ficino, les cons-

---

vez radique en ese detalle: el público identificaría inmediatamente al héroe de la obra.

[21] *Rimas humanas y divinas,* en Lope de Vega, *Obras poéticas,* I, ed. J. M. Blecua, Barcelona, 1969, pág. 1347.

[22] *La Dorotea,* III, 7, y I, 5; adecuada anotación, en el texto de E. S. Morby, págs. 268, 102-103.

taba que «por la vista entra el amor»[23]: de las filosofías del Caballero, retenían que 'el amor empezó por los ojos'; y no perdían coma de lo siguiente: los ojos de doña Inés habían dado buenas esperanzas a don Alonso[24].

Pasemos a la escena inmediata. Fabia, la alcahueta, ha acudido a la llamada del Caballero; la tarde anterior, lo ha visto en la feria «tras una cierta doncella» (62), y Tello acaba de confesarle la enfermedad de su amo: «Amor» (35); de modo que el diagnóstico no le exige muchas fatigas:

> *El pulso de los amantes*
> *es el rostro:* aojado *estás.*
> (55-56)

Aojar es 'dañar con mal de ojo' (Nebrija al canto), y ya se sabe que muchos «suelen morirse de ojo»[25]; *aojar* vale también 'enamorar' (no en balde se ha explicado a cultos y a cazurros cómo «entra el amor» por los ojos); don Alonso está, pues, enamorado y avocado a la muerte, por los ojos hechiceros de doña Inés. (Por aquí tira el camino de la poesía: a apurar las palabras; y para la poesía dramática, a apurarlas y encarnarlas.) Amor y magia han ido siempre muy juntos en el hablar y en el sentir; pero la dualidad que pretendo señalar ahora es otra: amor y muerte. Pues parece que las más bellas, las más esenciales imágenes y situaciones de *El Caballero de Olmedo* son disémicas (ahí reside el gran arte de la

---

[23] *La viuda valenciana,* III, ed. J. L. Aguirre, Madrid, 1967, pág. 148.

[24] O como la dama decía, a golpe de zeugma: «Sus ojos causa me dan / para ponerlos en él, / pues pienso que en ellos vi / el cuidado que me dio, / para que mirase yo / con el que también le di» (237-242).

[25] *La discreta enamorada,* en Biblioteca de Autores Españoles, XXIV, página 155. Cfr., verbigracia, J. Caro Baroja, *Algunos mitos españoles,* Madrid, 1944², págs. 264-276 (entre muchos estudios del mismo), y *La Dorotea,* pág. 75, n. 33; y compárese L. Quiñones de Benavente, *Los mariones,* en Nueva Biblioteca de Autores Españoles, XVIII, página 596.

motivación): imágenes y situaciones de amor y de muerte a un tiempo, particularmente gracias al trasfondo de ironía trágica.

Valga el ejemplo cercano, y aún a propósito de los ojos. Don Alonso relata («las relaciones piden los romances»[26]) el paseo de doña Inés «en la famosa feria de Medina» (504):

> *Los ojos, a lo valiente,*
> *iban perdonando vidas,*
> *aunque dicen los que deja*
> *que es dichoso a quien la quita.*
> (83-86)

Lo que serían unos versos triviales y un mediano oxímoron ('dichosa muerte': antítesis también muy sofoclea[27], y repetida en la tragicomedia de Lope), si no supiéramos qué bien se aplican al Caballero:

> *¡Oh, qué necio fui en fiarme*
> *de aquellos ojos traidores,*
> *de aquellos falsos diamantes,*
> *niñas que me hicieron señas*
> *para engañarme y matarme.*
> (550-554)

Sí, los ojos de la bella daban a la par el amor y la muerte: Inés iba «cuanto miraba matando» (1129)[28]. Entonces, ¿qué posibilidad le quedaba a don Alonso?

> *Tengo el morir por mejor,*
> *Tello, que vivir sin ver,*

---

26 *Arte nuevo*, 309.

[27] Vid. M. R. Lida, *Introducción al teatro de Sófocles*, Buenos Aires, 1944, pág. 45.

[28] Todo el resto de la glosa (1113-1162) es también pertinente; pero vid. además 143-146 (sobre el «amor basilisco»), 827-830 («... y flecha los ojos bellos»), etc.

confesaba al criado (888-889). «Por vivir os vengo a ver», declaraba a la dama (2151). Vanas esperanzas... Con «ver» y «sin ver», la paradoja del amor y la ironía del hado lo arrastraban a «morir».

Desde el primer momento (15-20) todos saben que doña Inés ha correspondido al Caballero con sólo mirarlo. Don Alonso de ningún modo cree «en hechicerías» (984): recurre a la celestina Fabia como simple mensajera; la dama, a su vez, la acoge y se deja llevar por ella con burlona ingenuidad, sabiendo muy bien por dónde van los tiros. La explicación es simple:

> *Dicen muchos, y lo creo,*
> *que los que luego* ['al punto'] *se aman*
> *cuando se ven tienen hecho*
> *infinitos años antes*
> *con las estrellas concierto*[29].

Y, en efecto, ni don Alonso ni doña Inés eran libres de huir el amor,

> *porque dicen que le influye*
> *la misma naturaleza...,*
> *que nace de las estrellas,*
> *de manera que, sin ellas,*
> *no hubiera en el mundo amor.*
> (531-532, 216-218)

Hasta Tello lo advierte:

> *en siendo un hombre querido*
> *de alguna con grande afeto,*
> *piensan que hay algún secreto*
> *en aquel hombre escondido;*
> *y engáñanse, porque son*
> *correspondencias de estrellas.*
> (1720-1725)

---

[29] *Quien todo lo quiere*, en *Obras*, IX, ed. A. González Palencia, Madrid, 1930, pág. 171; cfr. *La Dorotea*, págs. 181, n. 127, y 404, n. 57.

Que don Alonso está predestinado a un triste fin, lo recuerda la copla, siempre adivinada al fondo; que está predestinado al amor que lo conducirá a la muerte, resulta diáfano de inmediato y se atiende a realzarlo después. Amor, muerte, destino: los tres pilares de la ironía trágica en *El Caballero de Olmedo*.

El procedimiento, en verdad, alcanza a imágenes y conceptos, a cosas, personas y situaciones. Pocas tramas de Lope más límpidas, sencillas, y, sin embargo, más ricas. Los pies de la dama se le han llevado a don Alonso «los ojos en los listones» de las chinelas (109), y a un listón recurre Inés para comprobar si quien envía a Fabia es el «galán forastero» (224). Pero don Rodrigo llega antes a la reja e, interpretando el listón como prenda de amor para él, se apresura a abrir los tratos («el concierto», 754) para que don Pedro le conceda la mano de su hija, «materia» que exige «secreto y espacio» (779-780). El rival actúa como correspondía al héroe: «Quiere en los pies comenzar / y pedir manos después» (519-520). De ese equívoco nacen los problemas de los enamorados: la clandestinidad, los ardides inevitables, los celos, las 'razones' que se arroga don Rodrigo [30] para asesinar al Caballero. El signo de amor —un listón— se hace sino de muerte.

> *Si matas con los pies, Inés hermosa,*
> *¿qué dejas para el fuego de tus ojos?*
> (515-516)

---

[30] Cfr. 2308-2319, 2444-2445. A. A. Parker, en un importante ensayo, *The Approach to the Spanish Drama of the Golden Age*, Londres, 1967[2], páginas 10-12 (cfr. también la *Prefatory Note (1967)* y *Bulletin of Hispanic Studies*, XXXIX [1962], págs. 225-226), da por buenas, en definitiva, las explicaciones de don Rodrigo: el Caballero «deshonra a don Pedro / con alcagüetes infames», y, según un principio de «poetic justice», esa es la culpa que hace su trágica muerte «fitting and inevitable»; la hipótesis del profesor Parker ha sido ya refutada suficientemente, en especial por W. F. King [1971] (vid. también J. Sage [1974], páginas 66-69): ahora, únicamente me importa notar que la eficacia dramática de la pieza consiste, con mucho, en que el público capte desde el principio la radical injusticia (poética, sin duda) del destino de don Alonso. Cfr. abajo, pág. 65, n. 57.

Ocioso sería, de puro evidente, resaltar el papel de Fabia como instrumento irónico —en burlas y en veras— de amor, muerte y destino en la tragicomedia. Pero no todos los lectores de hoy advertirán tan fácilmente que la ironía trágica se cumple también merced a la mera genealogía literaria de la alcahueta. No en balde Fabia está dibujada según el diseño inolvidable de Fernando de Rojas. De hecho, la deuda de *El Caballero de Olmedo* para con *La Celestina* es constitutiva, desde el mismo instante de su concepción dentro de un género. Los préstamos, los recuerdos, las alusiones son numerosísimos, hasta llevarse parte no desdeñable de la trama destinada a introducir las magras noticias sobre la muerte del Caballero aportadas por la tradición [31]. Desde la aparición de Tello, el *servus* a ratos *fallax*, y de Fabia (entre otras muchas cosas, Lope la necesita, a ella y a su magia, para dejar indeciso si son naturales o sobrenaturales la Sombra y el Labrador [32]), se juega con deleite «a despertar reminiscencias de *La Celestina*» [33]. Hay en ello

---

31 Baste señalar unos cuantos paralelos, episódicos: don Alonso *(Calisto)*, por mediación de Tello *(Sempronio)*, busca la ayuda de Fabia *(Celestina)* para relacionarse con doña Inés *(Melibea)*; la saluda con extraordinarias alabanzas y le ofrece una cadena como premio a su tercería; Fabia atrae a Tello con promesas («cierta morena...») y se presenta en casa de Inés como vendedora de afeites y mejunjes entre mágicos y medicinales, alardeando de viejo conocimiento de la familia; allí entona su atractivo *carpe diem*, evocando pasados esplendores, conjura —muy bachillera— al diablo y obtiene con engaños una aparente prenda de amor y una invitación a acudir a «la reja / del huerto»; el galán recibe una y otra con fervor (y largueza); al acercarse al jardín, tropieza con unos rivales y los ahuyenta fácilmente; don Pedro *(Pleberio-Alisa)* piensa en casar a Inés, pero ésta ama ya a don Alonso, y Fabia lo atribuye al buen efecto de «los hechizos y conjuros»; Tello insiste en decir mal de la alcahueta, quien a su vez procura asegurarse al criado: y, en fin, aquél se convence de que el mejor medio para sacar partido de la generosidad de su amo —haciéndose con la cadena— es estar a bien con Fabia.

32 Cfr. E. Anderson Imbert [1960], y abajo, págs. 71-75.

33 M. Bataillon [1961], pág. 239. Para la huella de *La Celestina* en *El Caballero de Olmedo*, aparte el estudio de Bataillon (págs. 237-250), deben verse las referencias de M. R. Lida de Malkiel [1962], *s. v.*;

—sigue teniendo razón a mares Marcel Bataillon— «un consciente homenaje de Lope al genio cómico de Rojas». Homenaje proclamado incluso paladinamente (y tras el «yo adoro / a Inés, yo vivo en Inés», que es eco notorio del «Melibeo soy y a Melibea adoro»):

> TELLO. *¿Está en casa Melibea?* ['Inés']
> *Que viene Calisto aquí.* ['Alonso']
> ANA. *Aguarda un poco, Sempronio.*
> TELLO. *¿Si haré falso testimonio?*[34]

M. Socrate [1965], págs. 137-142; F. P. Casa [1966]; J. Sage [1974], páginas 40-43. Sobre la influencia de Rojas en Lope, en general, cfr. bibliografía en J. M. Blecua, ed., *La Dorotea*, Madrid, 1955, pág. 28, n. 1; y añádanse M. Herrero García, *Estimaciones literarias del siglo XVII*, Madrid, 1930, págs. 9-60; A. S. Trueblood, *Experience and Artistic Expression in Lope de Vega. The Making of* «*La Dorotea*», Cambridge, Mass., 1974, pág. 771, *s. v.*; V. Gutiérrez, «*La Celestina* en las comedias de Lope de Vega», *Explicación de textos literarios*, IV:2 (1975), páginas 161-168 (trabajo que no he visto).

[34] Pese a dedicar un párrafo a *El Caballero de Olmedo*, T. A. O'Connor, «Is the Spanish *Comedia* a Metatheater?», *Hispanic Review*, XLIII (1975), págs. 275-289, no toma en cuenta este pasaje ni cuanto en él se implica (por no hablar de la seguidilla o de *topoi* líricos como los indicados en la siguiente n. 38) con vistas a incluir o no nuestra obra en la discutida categoría del 'metateatro', donde la vida se presenta «como algo previamente dramatizado» (L. Abel, *Metatheatre*, Nueva York, 1963) y los personajes «se sabían dramáticos antes de que los concibiera el poeta: tienen la conciencia de ser entes de ficción, derivados del mito, de la leyenda, de la literatura del pasado, o aun de su propia hechura» (B. W. Wardropper, «La imaginación en el metateatro calderoniano», *Studia Hispanica in honorem R. Lapesa*, II [Madrid, 1974], págs. 613-630).

En un hermoso ensayo de 1962, «Lope de Vega y sus representaciones dramáticas» (inédito aún y cuyo conocimiento —cuando ya se imprimía la presente edición— agradezco a la amistad de Carmen Castro de Zubiri), don Américo Castro escribía que «el genio de Lope llegó incluso a oponer conflictivamente la poetización de lo poético y la poetización de lo real. Es lo que acontece en *El Caballero de Olmedo*, en donde el muerto caballero del cantar revive y endereza su alma hacia el amor de la linda Inés [...]. Y todo el drama consistirá en el movimiento vertiginoso de dos seres lopescos, entre el polo de la vida y el de la muerte [...]. Todo ello dispuesto armoniosa y sinfónicamente, con anticipos de impresiones y efectos que en el siglo xx parecerían

No es «falso testimonio» el de Tello: aunque en lo hondo ni el casto don Alonso tenga mucho que hacer junto a Calisto, ni la amable doña Inés junto a la encendida Melibea (tampoco hay que pedirle peras al olmo), sí es cierto que la historia de Alonso e Inés, como la de Calisto y Melibea, a pesar «del principio, que fue placer», «acaba en tristeza» (así se lee en el umbral de *La Celestina*). Y el espectador mínimamente leído había de recibir en tal «testimonio» un impulso ya sentido antes y, con él, difícil de resistir: calcar el desenlace «en tristeza» de la historia de los unos sobre el bien conocido de la de los otros. El «homenaje a Rojas», por ende, está transido de connotaciones estrictamente dramáticas. Nuestra tragicomedia paga a la *Tragicomedia*, con la misma moneda, las lecciones de ironía que en ella aprendió Lope.

Volvamos a resaltarlo, no obstante: el teatro de Lope tiende a estructurarse según paradigmas poéticos. Uno de ellos, y como tal, menciona expresamente don Alonso al increpar a la «ausencia»:

> *¡Cuán bien por tus efetos*
> te llaman '*muerte viva*'!
> (1614-1615)

En efecto, nada más trivial en la lírica de la época (y de mucho atrás) que equiparar la *muerte* a 'la ausencia', 'el rechazo', 'la separación', y la *vida*, al 'amor', 'la ama-

---

nuevos en Pirandello o en Cocteau. En *El Caballero de Olmedo* adquieren dimensión y virtud poéticas el ir y el venir de uno a otro punto, los ojos, las andanzas, las almas siempre transientes y nunca posadas, y, en fin, el intento esperanzado, aunque quimérico, de iniciar unos amores de ultratumba, de volver de donde nadie retornó, de asirse desesperadamente a la imagen de una belleza terrena, a la cual se dice: 'por vivir os vengo a ver'. Y ella no entiende, y él no comprende por qué no entiende. Ya a comienzos del siglo XVII hubo en la literatura de Europa personajes en busca de autor, que se creaban a sí mismos en el dialéctico vaivén del vivir-morir».

da', `la presencia'[35]: con todo el cortejo de antítesis a que da lugar la oscilación en el empleo —recto o figurado— de los términos en cuestión, y con la paradoja añadida de que el amor, cual Inés, «mata», ya de «pena», ya de «gloria» (1810). Pues bien: apoyado en los contrastes de la seguidilla («le mataron» y «la gala», «noche» y «flor») y en el cambiante escenario que la propia copla evocaba (Medina, Olmedo), Lope construyó *El Caballero de Olmedo*, en una medida capital, haciendo que cristalizaran en acción esas sabidas ecuaciones y oposiciones de la lírica coetánea. Unas y otras, a su vez, resueltas directamente en movimiento dramático o sugeridas en tanto intriga por la fascinación que ejerce el lenguaje de la poesía, conllevaban una profunda dimensión de ironía trágica para el espectador de la obra.

Notemos un cierto número de casos. Don Alonso cuenta a Fabia cómo, siguiendo a doña Inés, fue a parar a cierta capilla:

> *Vine sentenciado a muerte*
> *porque el amor me decía:*
> *«Mañana mueres, pues hoy*
> *te meten en la capilla».*
> (155-158)

¿Hace falta subrayar que el donaire (medianejo) acabará no siéndolo? Se ha visto arriba el doble valor de las comparaciones con Héctor, Aquiles, Adonis, en boca de Fabia; pues es el propio Caballero quien arriesga otra:

TELLO.   *¿No te cansa y te amohína*
tanto entrar, tanto partir?

---

[35] Por ejemplo: «¿Qué mayor mal que la ausencia, / pues es mayor que morir?» (2535-2536); «Esto es venir a vivir» (1009). Cfr. también B. W. Wardropper [1972], págs. 191-192; y abajo, nota al verso 2526.

D. ALONSO.	*Pues yo ¿qué hago en venir,*
	Tello, de Olmedo a Medina?
	Leandro pasaba un mar
	todas las noches, por ver
	si le podía beber
	para poderse templar;
	pues si entre Olmedo y Medina
	no hay, Tello, un mar, ¿qué me debe
	Inés?
TELLO.	*A otro mar se atreve*
	quien al peligro camina
	en que Leandro se vio.

(916-928)

Como Leandro se ahoga don Alonso en el mar del camino «entre Olmedo y Medina»; y él mismo aclara por qué no podía ser de otro modo:

> *de Olmedo*
> *a Medina vengo y voy,*
> *porque Inés mi dueño es*
> *para vivir o morir* [36].

(994-997)

O bien es Tello, con buen humor, quien propone a doña Inés:

> *Oye una glosa a un estribo*
> *que compuso don Alonso,*
> *a manera de responso,*
> *si los hay en muerto vivo.*

(1100-1103)

---

[36] No se descuide que las primeras palabras de Inés («haciendo lengua los ojos», «mirándome sin hablarme») habían sido: «No os vais ['vayáis'], don Alonso, a Olmedo, / quedaos agora en Medina» (133-134); y las últimas son: «Vete, Alonso, vete. Adiós. / No te quejes, fuerza es» (2248-2249).

Perfecta definición del Caballero: «muerto vivo», «por ella muriendo» (1108, larga y finamente glosado en 1133-1162), desviviéndose; que, como dice Fabia a la dama, «él te adora, tú le has muerto» (840).

También don Rodrigo, por el momento rival desdeñado y pronto asesino de don Alonso (y ejecutado él mismo: precisamente es doña Inés quien pide justicia), se lamenta:

> *Para sufrir el desdén*
> *que me trata desta suerte,*
> *pido al amor y a la muerte*
> *que algún remedio me den.*
> (461-464)

La muerte le dará un último remedio, y un último sentido a sus palabras:

> *serás mi muerte, señora,*
> *pues no quieres ser mi vida.*
> (479-480)

El tópico lírico, así, se dobla de entidad dramática.

Con más belleza que nunca, quizá, y desde luego con más hondura y pertinencia, en el postrer encuentro de los enamorados. Don Alonso ha llegado «como sin vida» (2150) a la reja de la dama: «Por vivir os vengo a ver», dice (2151), y por partirse muere. En *El perro del hortelano* —un ejemplo entre cientos— afirma el galán: «Hoy espero mi muerte»; pero la inmediata corrección de la figura de donaire no permite dudas:

> *Siempre decís*
> *esas cosas los amantes,*
> *cuando menos pena os dan*[37].

---

[37] Versos 365-368; ed. A. D. Kossoff, Madrid, 1970, pág. 91.

En *El Caballero de Olmedo*, la metáfora se desvanece para abrir paso a «unas pocas palabras verdaderas», potenciadas por la situación. Don Alonso glosa «aquellas coplas antiguas, que fueron en su tiempo celebradas» (y asimismo le venían a la mente, en la dedicatoria del *Persiles*, a otro caballero en puertas de la agonía):

> *Puesto ya el pie en el estribo*
> *con las ansias de la muerte,*
> *señora, aquesta te escribo,*
> *pues partir no puedo vivo,*
> *cuanto más, volver a verte* [38].

No cada día el artificio de una glosa en el lenguaje lírico al uso tolera tanta cargazón irónicamente literal —«quisiera yo no viniera tan a pelo», se sonreía Cervantes— como arrastra la del *Caballero*, salvas aun las acostumbradas acrobacias con el tercer verso de la copla:

---

[38] Los editores de *El Caballero de Olmedo*, deslumbrados por el brillo de la cita del *Persiles*, tardaron en percatarse de que don Alonso glosa los cinco versos de la copla, no los tres primeros simplemente; otros personajes de Lope los glosaron también en circunstancias parecidas a la del Caballero: cfr. *El bastardo Mudarra*, en L. de Vega, *Obras*, VII, ed. Menéndez Pelayo, pág. 482; *El saber puede dañar*, en *Obras*, XIII, ed. E. Cotarelo, págs. 535-536; *El príncipe perfecto*, en Biblioteca de Autores Españoles, LII, pág. 104. La situación responde al viejísimo motivo lírico desarrollado en infinidad de poemas *A una partida* (es decir, 'a una separación'), desde los cancioneros gallegoportugueses (vid. sólo P. Le Gentil, *La poésie lyrique espagnole et portugaise à la fin du Moyen Âge*, I [Rennes, 1949], págs. 140-142), y tratado por Lope con profunda adhesión a su lenguaje tradicional (comp., por ejemplo, el verso 2223, y D. Hurtado de Mendoza, en Biblioteca de Autores Españoles, XXXII, pág. 97: «Yo parto y muero en partirme...»). Pero, además, y como en muchos otros lugares (vgr., *Jardincillo de romances del Siglo de Oro*, ed. A. Rodríguez-Moñino, Valencia, 1951, págs. 16-17), las convenciones del poema *A una partida* se combinan con el ambiente de un género tan antiguo como la misma lírica románica: la canción de albada (cfr. E. M. Wilson, «Albas y alboradas en la Península», *Entre las jarchas y Cernuda*, Barcelona, 1977, págs. 55-105, con adecuada atención a *La Celestina* y *El Caballero de Olmedo*).

así parto muerto y vivo,
que vida y muerte recibo...,

que me parece que estoy
con las ansias de la muerte...

Ya para siempre me privo
de verte...

Parto a morir, y te escribo
mi muerte, si ausencia vivo,
porque tengo, Inés, por cierto,
que si vuelvo será muerto,
pues partir no puedo vivo...

Yo parto, y parto a la muerte...
    (2183, 2196, 2203, 2213, 2223)

Para rematar la despedida con la verdad desnuda, en dos versos:

    Aquí se acabó mi vida,
    que es lo mismo que partirme[39].
        (2252-2253)

Toda la escena es un prodigio de poesía dramática, en su doble uso de la ironía trágica: ironía verbal e ironía de situaciones. Pero la ironía se vuelve aún más intensa en el patético epílogo —*bodas de sangre*—de la tragicomedia. El padre de doña Inés, siempre bien dispuesto hacia el Caballero (2134-2141) y en medio del júbilo por las mercedes reales, recibe con gozo la confesión de que la muchacha quiere casarse con don Alonso:

    Desde agora es tu marido...

---

[39] «Conozco que fue *rigor* / el dejar tan presto a Inés», va diciéndose (2358-2359); antes se había precisado «Cuanto vive, de amor nace / y se sustenta de amor; / cuanto muere es un *rigor* / que nuestras vidas deshace» (481-484).

Y ahora mismo acaba de expirar don Alonso[40]. Amor, muerte, destino. Ironía.

---

[40] Con la muerte del Caballero, también el falso monjío de doña Inés cobra realidad («Lo que de burlas te dije, / señor, de veras te ruego»; 2713-2714) y, retrospectivamente, resulta ser «engañar con la verdad», el recurso que en las escenas cómicas desempeña un papel más o menos paralelo a la ironía trágica (vid. especialmente 1411 y ss.; y compárese J. F. Montesinos, ed., L. de Vega, *El cuerdo loco*, Madrid, 1922, páginas 160 y ss., y J. M. Rozas [1976], págs. 139-144, además de M. R. Lida de Malkiel [1962], págs. 261-262, etc.). La «incertidumbre anfibológica» (*Arte nuevo*, 324) está en el núcleo de *El Caballero de Olmedo*, y no sólo se manifiesta en algunos aspectos, aun tan esenciales como los apuntados en las páginas anteriores.

Lope de Vega y la leyenda
del Caballero

I

Los legajos de Simancas guardan aún la primera estampa en la leyenda del Caballero de Olmedo. Un miércoles, 6 de noviembre de 1521, don Juan de Vivero volvía «por el camino real de la villa de Medina del Campo para la dicha villa de Olmedo». Un cierto Miguel Ruiz, olmedano también, «armado de diversas armas y con una lanza en la mano y a caballo, y otros tres hombres con él, armados con coseletes y lanzas y a pie, le estaban aguardando sobre asechanzas; y llegando el dicho don Juan salvo y seguro, en una haca, y Luis de Herrera, su mayordomo, en una mula, cerca de la casa que dicen de la Sinovilla, el dicho Miguel Ruiz y los otros tres que con él estaban, ... quedando otros en reguarda, recudieron contra el dicho don Juan; y segura y alevosamente dizque el dicho Miguel Ruiz le dio una gran lanzada al dicho don Juan, de que le quedó el hierro en el cuerpo y murió dello casi súpitamente; y no contento de lo susodicho, dizque mandó a los dichos hombres que con él venían que matasen al dicho Luis de Herrera, los cuales lo pusieron por obra de lo matar y le dejaron por muerto, y se acojieron al monasterio de la Mejorada»[1].

---

[1] Provisión fechada en Burgos, a 28 de noviembre de 1521, y publicada por J. Pérez [1966], con otros documentos fundamentales que

Don Juan de Vivero no era un cualquiera: de linaje de próceres y poetas, casado con doña Beatriz de Guzmán, caballero de Santiago, se había distinguido en la toma de Tordesillas (1520) y en Villalar (1521), al servicio de Carlos V, y acababa de ser elegido regidor de Olmedo[2]. Los móviles de Miguel Ruiz nunca quedaron esclarecidos satisfactoriamente, aunque se hablaba de que don Juan o las gentes de don Juan le «habían afrontado y dado de palos» y aunque doña Beatriz estaba convencida de que el asesino actuaba «por consejo y mandado de su madre y de otras personas». Contra todos ellos se querelló repetidamente la viuda; pero, quejosa de la lentitud e ineficacia de los procedimientos oficiales (que únicamente habían conseguido la detención de dos cómplices directos y la condena de un par o tres de comparsas), doña Beatriz instó además y en julio de 1522 obtuvo que se declarara a Miguel Ruiz «por enemigo» legal, de suerte que «los parientes dentro del cuarto grado del dicho don Juan de Vivero» pudieran «herir y matar y lisiar» al homicida «sin caer ni incurrir por ello en pena alguna». Pero Miguel Ruiz jamás fue vuelto a ver en la Península, y la familia del Caballero probablemente tuvo que contentarse con recibir la mitad de sus bienes, mientras la otra mitad iba a parar al Tesoro: y el propio Emperador, al decidir cómo emplearla, hubo de recordar que «Miguel Ruiz, vecino de Olmedo, ... mató a traición a don Juan de Vivero»[3].

Los documentos de Simancas se dejan completar en algún punto gracias a la relación de un testigo bien

_____

resumo y cito en el párrafo siguiente; en general, modernizo la grafía y hago algún cambio minúsculo que agiliza la lectura.

[2] Cfr. F. Fita [1905]; para la ascendencia de don Juan, F. Rico, en _Romanistisches Jahrbuch_, XVII (1966), pág. 278, n. 15, y J. B. Avalle-Arce, _Temas hispánicos medievales_, Madrid, 1974, págs. 316-338, y «Algo más sobre el poeta vizconde de Altamira», _Crítica Hispánica_, II: 1 (1980), págs. 3-12; vid. aún abajo, pág. 64, n. 52.

[3] «Consulta que tuvo Su Majestad en Pamplona el año de 1523...», _apud_ J. Pérez [1966], pág. 250, n. 34.

próximo: fray Antonio de Aspa, profeso del monasterio
de la Mejorada[4]. Fray Antonio recuerda que el crimen
fue «un día cerca de Todos los Santos», pero, a cambio

[4] La relación de Aspa (o Haspa) formaba parte de una «historia
manuscrita (de la fundación) de la Mejorada» (como la llama J. A. de
Montalvo) escrita poco después de 1531. En efecto, una noticia de ella
relativa a ese año se cita en la *Cronología de los Padres Priores de la
Mejorada desde el año de 1396*, ms. 258 de la Biblioteca de Santa Cruz
(Universidad de Valladolid), § 39; pero Aspa vivía en 1482 (cfr. I. Rodríguez Fernández, *Historia de Medina del Campo*, I [Madrid, 1903],
página 390), había intervenido antes de 1504 en la reforma de la Orden
de Santiago (*Cronología*, § 53; fray José de Sigüenza, en Nueva biblioteca de Autores Españoles, XII, pág. 77, y cfr. 79), y para entonces
era considerado «persona de mucho valor» (Sigüenza); en 1531, pues,
sería de edad avanzada y no es presumible que viviera sino pocos años
más.
En el primer tercio del siglo XVII, una copia de la historia de Aspa
obraba «en poder del maestro coronista Gil González de Ávila»; y de
esa copia poseía «un traslado... sacado a la letra» don Juan Antonio de
Montalvo, quien la extractó a nuestro propósito en el capítulo XXXIII
de su *Memorial histórico de Medina del Campo* (1633-1634). El primitivo extracto de Montalvo se conserva en el ms. 9/256 (colección
Salazar, H-3) de la Real Academia de la Historia, fols. 50 vo.-52, y no
debe confundirse, según siempre se ha hecho, con el texto publicado
por F. Fita, «El Memorial histórico de Medina del Campo», *Boletín
de la Real Academia de la Historia*, XLVI (1905), págs. 343-345, tomán-
dolo de I. Rodríguez Fernández, *op. cit.*, págs. 395-397. La versión ahí
impresa, ya represente una revisión hecha por el mismo Montalvo,
ya sea fruto de interpolaciones ajenas a éste (cfr. Rodríguez, páginas 349-350; Fita, págs. 347-349), retoca el citado extracto del ms. 9/256
y lo amplía con unas referencias a la estirpe de don Juan de Vivero
y a la «cantilena» del Caballero, referencias procedentes —supongo—
de Alonso Pérez de Haro, *Nobiliario genealógico de los Reyes de España*, II (Madrid, 1622), pág. 246 (vid. abajo, n. 8).
La mencionada *Cronología*, fol. 8 vo., indica que «mientras [el
maestro fray Luis de Sevilla] anduvo en la visita general sucedió la
muerte del Caballero de Olmedo», episodio que se promete contar más
abajo, pero que de hecho no figura en el códice. El resumen de Aspa
dado por Montalvo empieza señalando que los hechos ocurrieron
«siendo prior en la Mejorada fray Luis de Sevilla». No es dudoso,
por ende, que también la *Cronología* proyectaba relatar «la muerte del
Caballero» a zaga de la historia de Aspa. (Quiero decir mi gratitud
a Nieves Alonso Cortés, Víctor G. de la Concha, César Hernández
y Víctor Infantes de Miguel, quienes, en distintos momentos, han
examinado para mí los manuscritos citados en la presente nota.)

de esa vaguedad, precisa que ocurrió «a puesta de sol», cuando «don Juan de Vivero, caballero de Olmedo natural», estaba «un cuarto de legua antes de llegar a su casa, cerca de la Linojilla»[5]. Con particular vivacidad relata Aspa cómo al correr la noticia de que Miguel Ruiz se había asilado en la Mejorada «vinieron muchos caballeros de Ávila y de Medina del Campo, amigos y deudos del muerto, y cercaron el convento y le tuvieron sitiado nueve días; y viendo los frailes el daño que recibían y que [los sitiadores] estaban tan apasionados que querían meter a saco el convento, acordaron de entregar a la justicia el delincuente, en presencia del Vicario de Olmedo[6], con las protestas necesarias. Y, para esto, le sacaron al claustro, adonde arremetió a él el alguacil mayor de Valladolid, llamado Bracamonte, para matarle. El homicida se puso en defensa, y los frailes le volvieron a ocultar, y la revuelta fue de manera que les obligó a sacar el Santísimo Sacramento por los claustros para aplacar a la gente que le buscaba. Y, viendo que no bastaba, se salieron los religiosos y dejaron el convento desamparado, llevando el Santísimo Sacramento por el camino de Olmedo. Esto era ya de noche, y, entre la gran revolución, dos frailes que se habían quedado le sacaron, vestido de fraile y desfigurado el rostro, por medio de la gente, diciéndole 'Ande, padre, y diga a los padres que vuelvan el Santísimo', empujándole mucho. Y él hizo que iba y se apartó del camino a pocos pasos, metiéndose por aquellos pinares, donde se quitó el hábito; y anduvo aquella noche nueve leguas, yendo

---

[5] La variante del topónimo (que los documentos llaman «Sinovilla» y hoy se conoce por «Senovilla») puede ser simplemente una mala lectura del texto de Aspa.

[6] Debía de tratarse del mismo Francisco de Buytrón que junto «a don Juan de Vivero, caballero de la [villa de Olmedo], a Diego Troche, regidor», y a otros prohombres olmedanos, había visitado al cardenal Adriano, el Almirante y el Condestable de Castilla, en primavera de 1521, para reiterarles su fidelidad al Emperador (vid. F. Fita [1905], págs. 400-401).

a amanecer cerca de Segovia, a un lugar adonde tenía un tío» [7]. Fray Antonio de Aspa —con la parcialidad comprensible en uno de los jerónimos cuyo amparo había requerido Miguel Ruiz, «mozo barbiponiente»— opinaba que la muerte de don Juan no fue premeditada, «de caso pensado, como comúnmente se entendió, coligiéndolo de que este Miguel Ruiz tenía dos caballos y cuando se retiró a la Mejorada fue en el peor, y, siendo hombre rico, sólo llevaba un cuarto en las faltriqueras, y de esta poca prevención, pudiendo hacerla», infería el buen fraile «que se toparon a caso».

Si los testimonios más inmediatos concuerdan en los hechos y divergen en el modo de interpretarlos, qué no ocurriría luego, cuando incluso los cronistas mejor informados leían los nobiliarios [8] y los papeles de archivo a la luz de las fabulaciones poéticas sobre la muerte de don Juan. Valgan de muestra ciertas *Memorias y recuerdos del poder tan grande que tuvo la Ilustre Villa de Medina del Campo*, donde se dedican unas páginas a «lo que trata el romance, tan sabido, del Caballero de Olmedo, para dar a entender que la muerte de este Caballero, don Juan de Vivero, que dice el romance 'la gala de Medina' y 'la flor de Olmedo', no fue por celos de doña Elvira Pacheco, como dice el romance que bailaron unos representantes, porque fue muy diferente». Según las tales *Memorias*, de datación dudosa dentro del siglo XVII,

---

[7] Montalvo añade que «Miguel Ruiz se embarcó para las Indias y tomó el hábito de Santo Domingo en México y vivió religiosamente casi sesenta años; murió en el de 1590». Los tales datos van precedidos de un genérico «se sabe...» que los distingue de los extractados de Aspa, introducidos por Montalvo con puntual advertencia: «dice desta manera...», «dice el religioso que escribió esta muerte...».

[8] El primero conocido (entre una selva de inéditos por explorar) que recoge la leyenda del Caballero es el compilado por Alonso López de Haro (1622): «Don Juan de Vivero, caballero del hábito de Santiago, señor de Castronuño y Alcaraz, fue muerto, viniendo de Medina del Campo de unos toros, por Miguel Ruiz, vecino de Olmedo, saliéndole al encuentro, sobre diferencias que traían; por quien se dijo aquella cantilena que dicen: "Esta noche le mataron"...», etc. (cfr. nota 4).

don Pedro de Silva, suegro de don Juan, agravió a Miguel Ruiz, al negarle éste unos galgos en préstamo; Ruiz, «mozo de dieciocho años», azuzado por su madre, pensaba en la venganza; intentó mediar don Juan, mas viendo que no era posible «acabar cosa con él..., de mohíno, le dijo...: 'Pues mirá que os aviso que lo habéis de haber conmigo'». Y así fue: «Dentro de pocos días, estando los Reyes Católicos en Medina, se ordenaron unas fiestas de toros y cañas, en las cuales se halló don Juan de Vivero, en donde se señaló mucho en servicio de doña Elvira Pacheco. Acabadas las fiestas, a otro día partióse para su casa... Estuvo aguardando Miguel Ruiz cosa de media legua de Olmedo, en un caballo, y su lanza, acompañado con dos negros; y un escudero que iba con don Juan le dijo: 'Señor, aquel que allí viene es Miguel Ruiz.' Y a este tiempo llegó y cogió desapercibido a don Juan y le tiró la lanza». Don Juan murió en Olmedo; y «vino una ley de la Corte, que estaba en Medina del Campo, e hizo grandes justicias, cogieron los negros y los ahorcaron»[9].

Las consejas lugareñas sobre el Caballero, sin embargo, crecieron todavía hasta la frontera del prodigio, pese a las objeciones de los bien intencionados eruditos locales. Así, a fin de desmentir «la voz de que este Caballero fue el que abrió la zanja para que entrase el río Adaja en Medina[10], por lograr el casamiento con una

---

[9] Texto exhumado por E. Juliá Martínez [1944], págs. 14-15 (hago alguna corrección). Para notar cómo las *Memorias* mezclan realidades y fantasías, baste advertir que los suegros de don Juan eran Francisco de Valderrábano e Inés de Ávila, pero sí pertenecía a la familia Silva doña María, madre del Caballero; el autor de las *Memorias*, partiendo de las noticias espigadas en la tradición, debió de consultar algún nobiliario y confundir padre e hijo; de ahí, también, el situar el suceso en los días de los Reyes Católicos (error en el que incomprensiblemente cae el mismo Menéndez Pelayo). La intervención de los «dos negros» suena a romance de ciego; vid. J. Caro Baroja, *Ensayo sobre la literatura de cordel*, Madrid, 1969, pág. 149.

[10] La elaboración romántica de ese motivo, en los anónimos *Recuerdos de un viaje por España*, Madrid, 1849, págs. 63-69, contrasta

señora que, aunque igual en el nacimiento, era su hermosura envidiada de muchos de su pueblo», patraña que había llegado a verse impresa, el licenciado Antonio de Prado y Sancho, a mediados del siglo XVIII, consultó los archivos de la Mejorada e insistió en que el motivo de la malquerencia había sido la disputa a propósito del préstamo de unos galgos (Prado no menciona a don Pedro de Silva), señalando (con ligero error) que el crimen se consumó «el 2 de noviembre de 1521..., poco antes de la Senovilla, donde hoy se llama la 'Cuesta del Caballero', al ponerse el sol», con los sabidos refugio, huida y fortuna de Miguel Ruiz. Y para probar, contra «la falsedad publicada», que «don Juan estaba casado, conque no pretendía casamiento», Prado examinó los protocolos de Olmedo y halló «el pleito para los alimentos de la señora doña Beatriz de Guzmán», a quien, como a mujer de la víctima, se «adjudicaron todos los bienes que pertenecían, por herencia de padre, a don Miguel Ruiz»[11].

con el didactismo positivista de F. Romero Gil Sanz, «El Caballero de Olmedo», *Revista Contemporánea*, CVII (15 de julio de 1897), páginas 82-94; cfr. Menéndez Pelayo [1899], págs. 58-59.
[11] A. de Prado y Sancho, *Novenario Sagrado a... Nuestra Señora de la Soterraña, Patrona de la villa de Olmedo*, en J. Ortega Rubio, *Los pueblos de la provincia de Valladolid*, I (Valladolid, 1895 y 1979[2]), páginas 261-262 (no me es accesible la edición del *Novenario* que se publicó en Valladolid, 1906). «En el archivo de los Padres de Nuestra Señora de la Mejorada», Prado y Sancho seguramente vería la relación de fray Antonio de Aspa y pudo tomar de ella algún pormenor no aprovechado por Montalvo (a quien también debió de leer); pero el particular del préstamo de los galgos, evocado asimismo en las *Memorias... de Medina...*, no creo que se remonte a Aspa. La noticia sobre el destino de los bienes de Miguel Ruiz la autoriza Prado y Sancho con tanta exactitud, que ha de ser compatible con lo dicho en el texto correspondiente a mi n. 3.

El romance

De los primeros años del Seiscientos parecen datar todas las recreaciones artísticas de la leyenda del Caballero de Olmedo anteriores a la tragicomedia lopeveguesca y conservadas hoy: varias versiones de un baile teatral y un descabellado melodrama cuyo manuscrito lleva la fecha de 1606. Tales recreaciones previas y la propia obra maestra del Fénix tienen en común un núcleo en substancial acuerdo con el relato de los hechos en los documentos judiciales desde el mismo 1521. Cierto: el Caballero de Olmedo de las más antiguas fuentes literarias accesibles y el don Juan de Vivero de la realidad encuentran la muerte cuando van de Medina a Olmedo (no de Olmedo a Medina, no en una de las dos villas) y en compañía de un mayordomo o escudero. Los agresores actúan a traición y en cuadrilla (de cuatro o seis): el señor muere prácticamente sin oportunidad de defenderse como cumple a un caballero, mientras el criado, déjesele o no por muerto, le sobrevive y quizá alcanza a denunciar a los culpables. La dama de la víctima no sólo demanda justicia, sino que aspira a vengarse por sí misma[12].

Esas fundamentales coincidencias entre la literatura y la realidad apuntan con firmeza que los textos en cuestión son ramas brotadas de una misma raíz poética: una raíz nacida al calor de los acontecimientos de 1521, aunque desde el principio sometida a la deformación novelesca que es regla universal para difundir en verso

---

[12] Para más datos y argumentos sobre todo ello, así como para otros asuntos tocados en los párrafos y apartados siguientes, véase F. Rico [1975-1980]; aquí apenas doy otra cosa que un resumen de mi planteamiento y la identificación de los textos citados. Una opinión muy distinta propone J. Sage [1974], para quien la leyenda del Caballero tiene poco o nada que ver con la muerte de don Juan de Vivero.

episodios históricos. En concreto, creo sumamente probable que existiera un romance centrado en la muerte sangrienta de don Juan y en el cual se recogieran todos los elementos en que concuerdan los hechos de 1521 y las recreaciones artísticas del primer cuarto del siglo XVII. El romance, no obstante, debía de conjugar una notable fidelidad en la narración del asesinato con la libre inventiva en cuanto a las causas que lo motivaron y a las personas que intervinieron en él.

Un indicio capital al respecto, y aun un residuo de la balada perdida, nos brinda «La fiesta de las chamarras», de Cristóbal de Castillejo († 1550), varias de cuyas estrofas se cierran con sendos pares de versos tomados de romances o de expresiones populares. En ese caso están los dos octosílabos siguientes:

> Caballeros de Medina
> mal amenazado me han [13].

Porque, en efecto, el *Vocabulario de refranes y frases proverbiales* (1627) de Gonzalo Correas registra la pareja de octosílabos y le añade una acotación preciosa: «Al de Olmedo» [14]. Pero, además, sucede que si tanto el melodrama de 1606 como la tragicomedia de Lope se hacen eco de las 'amenazas' que otros «caballeros» dirigen «al de Olmedo», Lope carga el acento en que los traidores son «caballeros de Medina» [15]: y como ese dato no podía tomarlo de ninguna fuente histórica (Miguel Ruiz era de Olmedo) ni tampoco de ninguna

---

[13] *Obras*, ed. J. Domínguez Bordona, II (Madrid, 1957), pág. 203, versos 519-520.

[14] Ed. L. Combet, París, 1967, pág. 380.

[15] El verso (2649) que así reza en Lope debe considerarse como cita deliberada del romance, al igual que en el poema que el Príncipe de Esquilache —según veremos— dedica a la leyenda y donde llama a los asesinos «caballeros de Medina, / no en el valor caballeros», estableciendo un contraste que delata al primer octosílabo en tanto acuñación consabida.

fuente literaria conocida (ni el baile teatral ni la pieza de 1606 achacan el crimen a los medineses), hay que concluir que se apoyaba en el romance recordado por Castillejo y Correas[16] (o en una versión ligada a él y distinta de las demás formulaciones prelopescas que de la leyenda nos han llegado).

El baile

A juzgar por la falta de referencias, en la segunda mitad del Quinientos el romance sobre don Juan posiblemente quedó relegado a las tierras vecinas al escenario del crimen, a las comarcas donde la tradición en torno al Caballero sería tan tenaz entonces como lo ha sido en siglos posteriores. En cambio, la proliferación de alusiones y textos relativos al tema a partir de 1604[17] inclina a conjeturar que el traslado de la Corte a Valladolid, de enero de 1601 a enero de 1606, despertando la curiosidad por las cosas de la capital y de la región, volviéndolas familiares a visitantes y correveidiles[18],

---

[16] El octosílabo «mal amenazado me han» repite a la letra uno de los momentos más célebres del romance viejo de las *Quejas de doña Lambra*, con recurso típico de los 'romances noticieros de carácter privado' surgidos desde finales del siglo xv.

[17] O de una fecha muy próxima. El más revelador entre los testimonios tempranos (para la *Fastiginia*, la relación de 1606 y Covarrubias, vid. notas 18 y 28) se me antoja el cantarcillo de *El santo negro Rosambuco* (cfr. n. 43), que, por ser una parodia, nos garantiza una amplia circulación de la seguidilla antes del 1606 (o, cuando más, 1607) en que Lope escribió la comedia (cfr. E. Aragone Terni, *Studio sulle «comedias de santos» di Lope de Vega*, Messina-Florencia, 1971, página 176).

[18] Véase sólo N. Alonso Cortés, «Romances sobre el traslado de la corte de Felipe III», *Miscelánea vallisoletana*, I (Valladolid, 1955), páginas 151-218, etc. O compárese T. Pinheiro da Veiga, *Fastiginia o fastos geniales*, trad. N. Alonso Cortés, Valladolid, 1973², pág. 36: «con el asiento de la corte, está Valladolid [antes de enero de 1606] otra de la que dejasteis, y hoy en ella todo lo bueno de España, pues de Granada, Sevilla, Toledo y hasta de Francia vinieron infinitas

fue la causa de que resucitara y se divulgara por el resto de España la arrinconada leyenda del Caballero de Olmedo.

Todas las pistas parecen señalar que el principal responsable de tal resurrección está en «el romance que bailaron unos representantes» (como se lee en las *Memorias y recuerdos... de Medina*): es decir, en un baile teatral, de los que solían ofrecerse en los entreactos de las comedias. Conjugando músicas y letras, los bailes teatrales se articulaban normalmente sobre la espina dorsal de un relato arromanzado que se ilustraba con los movimientos y las voces de los farsantes, a quienes se daba la ocasión de lucirse especialmente en la ejecución de algunos números coreográficos, intercalados como viñetas con entidad propia en el canto, mimo y danza del romance que servía de hilo conductor[19].

Pues bien, el primitivo baile teatral del Caballero de Olmedo debió de componerse mientras la Corte residía en Valladolid e inspirarse en el ya viejo romance sobre don Juan de Vivero, del que tomaría, cuando menos, los motivos que sabemos concordes con el suceso de 1521. Pero el autor reelaboró los materiales procedentes del romance ajustándolos a los diseños e ingredientes tópicos del género morisco tan apreciado alrededor del 1600. Porque ese baile —en cuanto nos permiten apreciar sus descendientes— pululaba en situaciones y circuns-

---

personas a ver las fiestas [en el nacimiento de Felipe IV, en 1605], y tras de los hombres, las damas, *la gala de Medina, la flor de Olmedo*». Las fiestas de San Juan de Alfarache, de 4 de julio de 1606, se inspiraron en varios puntos en otras vallisoletanas de julio de 1604; y en las de 1606 se presentó un caballero llamado Lorenzo de Medina exhibiendo una empresa burlesca, en la que «decía la letra: *La gala de Medina /, la flor de Olmedo*» (*apud* B. J. Gallardo, *Ensayo de una biblioteca española...*, I [Madrid, 1863], col. 1295).

[19] Cfr. E. Cotarelo y Mori, *Colección de entremeses, loas, bailes, jácaras y mojigangas*, Madrid, 1911 (Nueva Biblioteca de Autores Españoles, XVII y XVIII); R. Goldberg, «Un modo de subsistencia del romancero nuevo: romances de Góngora y de Lope de Vega», *Bulletin Hispanique*, LXXII (1970), págs. 56-95.

tancias del romancero morisco, y en particular estaba transido de reminiscencias del ciclo de Gazul: la rivalidad y las amenazas por celos; el galán que se lleva los ojos de las mujeres —«a las ventanas», en los balcones—, al pasear la plaza, triunfar en los toros y en los juegos de cañas, en un ambiente con rica decoración de cabalgaduras, armas, vestidos; «las cañas» que «se vuelven lanzas», y Gazul que atraviesa con una, «a la mitad de la noche», el cuerpo del pretendiente que ha conseguido a la dama; la maldición de Zaida, «esposa y viuda en un punto», para que a Gazul —en perpetuo ir y venir entre (Medina) Sidonia y Jerez—, de vuelta a su lugar, «en medio del camino», se le hiele la sangre al salirle al encuentro otro rival, que ojalá lo deje «cautivo... o muerto», etc. [20]. Dentro de tal combinación de retazos moriscos con elementos del romance sobre don Juan, nuestro baile intercaló cuatro injertos lírico-coreográficos, tres de los cuales —como mínimo, y quizá los cuatro— acomodan a la fábula del Caballero unas piezas preexistentes: la copla taurina «Ucho ho, ucho ho, ucho ho, / torillo hosquillo»; el comienzo del romance morisco «Afuera, afuera, aparta, aparta», ambientado en unas cañas y generalmente ahijado a Lope; la seguidilla «Esta noche le mataron», a cuyo discutido origen volveremos pronto; y una adaptación del antiguo cantar de danza «Rey don Alonso, / rey mi señor» (véase n. 29), reservada para el vistoso final, pero seguramente culpable desde el arranque de que el baile dé el nombre de «don Alonso» a quien el romance quinientista no hubo de llamar sino «caballero de Olmedo».

El texto originario del baile en cuestión no ha llegado hasta nosotros, pero sí conservamos varios derivados de él. La versión más cercana al prototipo es la publi-

[20] Vid. únicamente M. Goyri de Menéndez Pidal, «Los romances de Gazul», *Nueva revista de filología hispánica*, VII (1953), páginas 403-416; A. Carreño, *El romancero lírico de Lope de Vega*, Madrid, 1979, págs. 55-116.

cada en la *Séptima parte* de las comedias de Lope y con atribución explícita al Fénix[21], quien, desde luego, no tuvo nada que ver ni con la impresión del volumen ni menos con la redacción de la obrilla (83 versos) que se le cuelga. «Un lunes / de la octava de San Pedro» —se cuenta ahí—, el Caballero de Olmedo, don Alonso, «parte a Medina», acompañado de un escudero, «a jugar cañas» y «adorar los ojos bellos» de doña Elvira Pacheco. Don Alonso cruza la plaza atrayendo todas las miradas y humilla el caballo ante la ventana de doña Elvira; quiebra después espléndidos rejones y se distingue como «cuadrillero de unas cañas». «Todas las hermosas damas / al Caballero de Olmedo / dan bendiciones y gracias»; pero, cuando «media noche era por filo», don Alonso coge «una reja» (se supone —no se dice— que la de doña Elvira) y sólo la abandona «porque no le hallase el alba».

> Y en el camino de Olmedo
> seis envidiosos le aguardan,
> salen de un bosque embozados
> y atraviésanle una lanza.
> Vuelve el escudero triste,
> lleno de mortales ansias,
> a Medina con la nueva,
> y así le dice a su dama:
> «Esta noche le mataron
> al Caballero
> a la gala de Medina,
> la flor de Olmedo.»

---

[21] «*Baile famoso del caballero de Olmedo*, compuesto por Lope de Vega», *El Fénix de España... Séptima parte de sus comedias...*, Madrid, 1617 (con aprobación de junio de 1616); la edición más accesible está en E. Cotarelo, *op. cit.*, pág. 491 (para otras, cfr. F. Rico [1975], página 329; pese a las dudas de E. Juliá Martínez [1944], págs. 22-23, y de A. González de Amezúa, *Lope de Vega en sus cartas*, II [Madrid, 1940], pág. 237, el supuesto autógrafo lopeveguesco es una grosera falsificación, como me confirmó don Antonio Rodríguez-Moñino). Cfr. J. Sage [1974], págs. 20-21, y F. Rico [1980], n. 64.

Ella, que la nueva escucha
de pechos en la ventana,
dice al escudero triste,
llorando, aquestas palabras:
    «Ay, don Alonso,
    mi noble señor,
    caro os ha costado
    el tenerme amor.»

Un estadio más avanzado en la evolución del texto
originario se nos ha transmitido en un par de manuscritos y en otras tantas variantes: de centenar y medio de
versos, en el *Cancionero de 1615* (biblioteca de don Antonio Rodríguez-Moñino), y, más breve, en una miscelánea
de la Hispanic Society of America [22]. El hilo argumental
y la secuencia de motivos coinciden en ambas variantes
con la versión publicada en la *Séptima parte*, pero ambas
se muestran también sometidas a un proceso de refundición y desarrollo acordes con el gusto de una época
posterior por bailes teatrales más novelescos y espectaculares. La acción transcurre ahora «en las fiestas / que
por Santa Cruz de mayo / en Medina se celebran». No se
menciona el nombre de la dama, y el Caballero únicamente lo recibe en el «Ay, mi don Alonso» del desenlace.
Los personajes, en cambio, están mejor matizados (en
el protagonista incluso se apuntan ya la melancolía y los
presentimientos del héroe lopeveguesco) y la intriga
gana en trabazón y vivacidad (vemos, así, apostarse a los
asesinos, antes de que los enamorados se despidan «a la
reja», o asistimos a la movida escena en que don Alonso
salva a «un hombre» acosado por el toro). No siempre
hay medio de averiguar si tales peculiaridades son aportaciones del estadio representado por los códices o si
dependen del baile primitivo (cuando no del romance
sobre don Juan o de otra fuente). Pero el ten con ten

---

[22] Textos y bibliografía en F. Rico [1975]. Por supuesto, que el
Cancionero de 1615 sea anterior a la *Séptima parte* nada implica respecto a la datación relativa de los bailes que contienen.

de novedad y tradición es fácilmente perceptible. En el desenlace, por caso, el arma homicida no es ya la lanza de la historia y de los antecedentes poéticos, sino las escopetas que hacen el crimen más cobarde[23]; por el contrario, pervive con vigor el intento de venganza de la dama, rasgo que, fundado en la conducta real de doña Beatriz de Guzmán, presumiblemente cerraba el romance antiguo y se había omitido en la versión de la *Séptima parte* (no sabemos qué ocurría en su modelo). La distancia que separa y los vínculos que unen las dos ramas del baile originario se aprecian de un vistazo cotejando cómo concluye la más temprana y cómo la más tardía:

> *Salen seis hombres a él,*
> *disparan seis escopetas,*
> *y sin que diga «¡Dios, valme!»*
> *muerto y sangriento le dejan.*
> *El escudero se escapa*
> *y a Medina dio la vuelta;*
> *entra en casa de su dama,*
> *dándole estas tristes nuevas:*

> «Esta noche le mataron
>   al Caballero,
> a la vuelta de Medina,
>   la flor de Olmedo.
> *Esta noche le mataron*
>   *los seis traidores:*
> *bien es, señora mía,*
>   *la muerte llores*
>   *del Caballero,*
> *a la vuelta de Medina,*
>   *la flor de Olmedo.*

---

[23] Véase, abajo, la nota a los versos 2462-63 de Lope.

Esta noche le mataron
   con emboscada,
con escopetas fieras,
   no con espadas,
   al Caballero,
a la vuelta de Medina,
   la flor de Olmedo».

Apenas oyó la dama
   la triste muerte,
cuando llorando dijo
   de aquesta suerte
   al Caballero,
a la gala de Medina,
   la flor de Olmedo:

      «¡Ay, mi don Alonso,
         ay, mi señor,
         caro te cuesta
      el tenerme amor!
      Vamos, escudero,
      que a vengarla voy,
      que, si no la vengo,
      mataréme yo.
      Reine la venganza
      en mi pecho hoy,
      muera el homicida
      que mi bien mató.
      ¡Ay, mi don Alonso,
         ay, mi señor,
         caro te cuesta
      el tenerme amor!»[24]

La seguidilla

   Todas las recreaciones poéticas de la historia del Caballero hechas en el siglo XVII —el melodrama de 1606,
la tragicomedia de Lope, el romance de Esquilache, la

---

   [24] Copio los versos 115-163 según la variante del *Cancionero de 1615*;
en el manuscrito de la Hispanic Society no hay rastro de los versos 127-
140, 145-147, 156-163.

parodia de Monteser— están en deuda importante con el baile teatral recién considerado. Otro tanto debe ocurrir con la celebérrima canción que quintaesencia las luces y las sombras de la leyenda.

Ha sido opinión común que la seguidilla «Que de noche le mataron...» (en tal forma suele recordársela) había surgido a raíz de los mismos acontecimientos de 1521 y ya pocos años después era tan popular, que Antonio de Cabezón (1510-1566), uno de los mayores músicos españoles del Renacimiento, empleó su melodía para unas *Diferencias sobre el canto del caballero*[25]. Hoy tendemos a pensar que no fue así[26]. De hecho, la melodía usada por Cabezón (sin transcribir letra alguna) es la misma que otros compositores del período acompañan de uno de los dos textos siguientes:

> *Decilde al caballero*
> *que non se queje,*
> *que yo le doy mi fe*
> *que non le deje.*

> *Por vida de mis ojos,*
> *el caballero,*
> *por vida de mis ojos,*
> *que bien os quiero*[27].

---

[25] A. de Cabezón, *Obras de música para tecla, arpa y vihuela*, ed. H. Anglés, III (Barcelona, 1966), pág. 66 (cfr. 15, 60-62). Una de las últimas grabaciones se halla en la entrega dedicada a Cabezón por la *Colección de música antigua española*, VIII (Hispavox HHS 3 ó CH 115); para otras, cfr. R. D. Tinnell, *An Annotated Discography of Music in Spain before 1650*, Madison, 1980, núms. 789-805.

[26] La primera advertencia en tal sentido es mérito de J. Romeu Figueras, «Mateo Flecha, la corte literariomusical del duque de Calabria y el Cancionero llamado de Upsala», *Anuario Musical*, XIII (1958), pág. 92; pero las lecciones al propósito las extraen J. Sage [1974], págs. 15-16 (y ya en el apéndice a J. Vélez de Guevara, *Los celos hacen estrellas*, ed. J. E. Varey y N. D. Shergold, Londres, 1970, página 183), y M. Frenk [1973].

[27] Vid. por ejemplo, J. M. Alín, *El cancionero español de tipo tradicional*, Madrid, 1968, núms. 423 y 325, respectivamente; y J. Sage [1974], pág. 16, n. 5.

Como, además, la letra «Esta noche le mataron...» no está atestiguada hasta los primeros años del Seiscientos (cfr. n. 17), se diría verosímil suponerla nacida por entonces.

Una cosa sí cabe dar por firme: hacia 1605 nuestra seguidilla era fundamentalmente una canción de danza, un tema literario y musical que se bailaba. El lexicógrafo Covarrubias la cita junto al «baile del rey don Alonso..., la gallarda, los gelves y otros bailes, *el Caballero*, el villano de los cantarcillos: 'Esta noche le mataron / al Caballero' y 'Al villano, ¿qué le dan?', etcétera»[28]; y el baile teatral antes examinado la alínea con otros injertos lírico-coreográficos de filiación bien conocida, precediendo, justamente, a una adaptación del «baile del rey don Alonso». Había éste empezado por ser una pieza de «cantus et saltatio» con letra en árabe *(«Calvi vi calvi, / calvi arabí»)*, que luego sustituyó por otra en castellano («Rey don Alonso, / rey mi señor...»), viva hasta hace pocos años[29]. Opino que algo similar sucedió con «Esta noche le mataron...»: se trata de una letra escrita por el autor del primitivo baile teatral (quien, sin embargo, pudo aprovechar tal o cual sugerencia del viejo romance —si no de una endecha— sobre don Juan de Vivero) y aplicada a una melodía que había corrido previamente con otros textos.

Que la melodía en cuestión, a su vez, fuera la misma del «canto del caballero», la melodía utilizada por Cabezón y otros contemporáneos suyos, me parece una conjetura bastante plausible. En efecto, en el *Baile del Duque de Humena*, de 1612, se interpolan en lugares paralelos dos coplas que muestran signos de desdoblar una sola música en dos letras:

[28] S. de Covarrubias, *Tesoro de la lengua castellana o española*, ed. M. de Riquer, Barcelona, 1943, pág. 185 (el *Tesoro*, listo para la impresión en 1610, se publicó en 1611, pero el texto citado se escribió antes de noviembre de 1606; cfr. Riquer, pág. VIII).

[29] Cfr. E. García Gómez, «La canción famosa *Calvi vi calvi, calvi aravi*», *Al Andalus*, XXI (1956), págs. 1-18, 215-216 (con la cita de Francisco Salinas que recojo), y J. M. Alín, *op. cit.*, núm. 283.

¿Cómo queda el sol de España,
el caballero,
y la Infanta, ya mi Reina,
por quién muero?

¡Qué bien cantan y bailan
las zagalejas,
a la gala de Francia
y flor de Humena![30]

Porque si la una se ajusta a «Por vida de mis ojos» (calcándole el segundo verso y la andadura fonética del cuarto), la otra está diáfanamente modelada sobre «Que de noche le mataron...». Según creo, pues, la seguidilla del Caballero actualizaba y devolvía a la circulación la melodía del quinientista «canto del caballero»[31] y se puso rápidamente de moda como canción de danza gracias al éxito del baile teatral del Caballero de Olmedo: la modernización atractiva de una tonada, el encanto de una coreografía y el garbo de unos cómicos, la fascinación ante una romántica fábula de amor y muerte, seguramente hicieron que media España no tardara en danzar «Esta noche le mataron...».

La forma más madrugadora y persistente de la seguidilla fue en el siglo XVII la que empieza «*Esta* noche...». Comprobarlo así confirma la prioridad e influencia del baile teatral, donde el demostrativo tiene toda su fuerza. Pero también es comprensible que, al independizarse la copla del contexto que le daba plenitud de sentido, se

---

[30] E. Cotarelo, *Colección de entremeses...*, núm. 201; el *Baile* se publicó también en la *Séptima parte* de Lope (véase n. 21).

[31] En un *Auto* de Juan Caxes, representado en 1609, se baila «al son del caballero» una «copla» que probablemente se ciñe a la letra «Decilde al caballero» (vid. F. Rico [1980], n. 56). Juan de Esquivel Navarro, *Discursos sobre el arte del danzado*, Sevilla, 1642 (y facsímil de Madrid, 1947), fol. 38, menciona «el Caballero» entre «los tañidos y danzas antiguas» que, «aunque ahora no se pratiquen..., sirven en los saraos y máscaras que se hacen a Su Majestad y a otros príncipes»: ni en la suya ni en otras referencias coetáneas (vid. abajo, *ad n.* 77) cabe dilucidar qué letra (si alguna) se asocia al «Caballero».

buscara limar la aspereza del «Esta...» inicial, sustitu-
yéndolo por una fórmula introductoria gratísima a la
lírica folklórica (hasta el cante *jondo* actual): el comienzo
con un «Que...» de alcance impreciso, pero en nuestro
caso interpretable como «cópula con un pasado», como
«el *ictus* que intensifica la emoción de conversar sobre
algo común» [32]. De tal recurso nace la versión ya presente en el melodrama de 1606, recordada por Quevedo [33] y misteriosamente glosada en la tragicomedia
de Lope:

> *Que de noche le mataron*
> *al Caballero,*
> *la gala de Medina,*
> *la flor de Olmedo.*

De boca en boca, sin embargo, el cantar anduvo en continuo proceso de pequeñas metamorfosis. Al recoger una
variante encabezada por el heptasílabo «De noche le
mataron» y alinearla entre muchos «ejemplos de las seguidillas viejas..., para que no entiendan que es invención
moderna», Gonzalo Correas observa que el tercer verso
igualmente «se usa de ocho [sílabas], *a la gala de Medina,*
mas hace sinalefa con el precedente, si se quier» [34]. Con
razón dice Correas «si se quier»: la sinalefa, en rigor,
no es posible en otras variantes («que era gala de Medina»,

---

[32] E. Anderson Imbert [1960], pág. 17; cfr. ahora A. Sánchez
Romeralo, *El villancico*, Madrid, 1969, págs. 190-199 (que acoge la
explicación por Leo Spitzer del «*Que* de noche...» y añade interesantes
comentarios).
[33] «El caballero que da / es caballero y le danzo; quien guarda es
'el Caballero / que de noche le mataron'. / Al villano se lo dan, / y quien
no da es villano», etc. (*Las sacadoras*, en F. de Quevedo, *Obra poética*,
ed. J. M. Blecua, III [Madrid, 1971], núm. 870).
[34] *Arte de la lengua española castellana* [1625], ed. E. Alarcos García,
Madrid, 1954, págs. 448-450; Correas calificaría de «vieja» la seguidilla
del Caballero atendiendo bien a la música, bien a la posible fraseología
tradicional de la letra, bien a una y a otra.

verbigracia), pero todas las tolera el fluctuante contorno de las seguidillas antiguas [35].

El melodrama anónimo

La última definición académica del 'melodrama' («obra teatral en que se exageran los trozos sentimentales y patéticos con menoscabo del buen gusto») cuadra de maravilla a *El Caballero de Olmedo* cuyo manuscrito (hoy en la Biblioteca Nacional de Madrid) consigna la fecha de 1606 y no se vio de molde hasta bastantes años más tarde [36]. Quien perpetrara la mayor parte del texto debía de haber visitado la Valladolid de 1605, pues describe (veladamente) ciertas celebraciones de las que allí solemnizaron el nacimiento de Felipe IV [37], y conocía la región lo suficiente para salpicar la intriga con algunas gotas de color local (por vía de referencias a la Mejorada, a «la Antigua» y Santa Clara de Medina, a Castronuño, etcétera). Pero en la redacción de la comedia, tal como se encuentra en el códice, intervinieron varias manos, en varias etapas, y a menudo es difícil decidir qué corresponde a cada una y a qué momento se remonta.

Para complicar aún el problema, los versos finales (2889-96) rezan así:

---

[35] Cfr. M. Frenk Alatorre, *Estudios sobre lírica antigua*, Madrid, 1978, págs. 244-258.

[36] En un volumen de comedias varias, sin portada ni preliminares, pero posterior al 1626 (cfr. C. Bruerton, en *Hispanic Review*, XV [1947], páginas 346-64); de ahí la reimprimió A. Schaeffer, ed., *Ocho comedias desconocidas de don G. de Castro, del Licdo. D. Salustio del Poyo, de L. Vélez de Guevara*, etc., I (Leipzig, 1887), págs. 263-338; E. Juliá Martínez [1944] transcribe el manuscrito (con criterios inseguros y poco claros) y da las variantes del impreso; véase aún W. L. Fichter, en *Hispanic Review*, XIV (1946), págs. 264-270.

[37] Véase N. D. Shergold [1973], pág. 267, n. 2; compárese arriba, nota 18.

GALAPAGAR.   *Adiós, mundo, no más redes;*
                Galapagar se despide
                de ti.
DIEGO.   *Y Arteaga [¿o Artiaga?] pide*
                perdón a Vuesas Mercedes,
                que con fin honrado y ledo
                el autor quiso dejar
                la vïuda por casar
                y el Caballero de Olmedo.

Pero en el mismo manuscrito, y al parecer de distinta letra, en el verso 2891 se ha tachado «Y Arteaga» y añadido encima: «Ya Morales»; y en el folio siguiente, la aprobación del censor, Tomás Gracián Dantisco, extendida «en Madrid, a 13 noviembre 1607», indica: «Se podrá representar con la advertencia que he dado a Morales, autor ['empresario'] de comedias, y quitada una copla y mudado en diversas ocasiones el vocablo *gozar*...» ¿Por quiénes irán los tiros? «Morales» pudiera ser Juan de Morales Medrano, célebre actor y empresario, marido de la asendereada Jusepa Vaca; o bien Alonso de Morales, *el divino*, «autor» y poeta; o, menos probablemente, Pedro de Morales, también «autor», buen amigo de Lope[38]. «Arteaga» quizá sea Juan de Arteaga, igualmente cómico y director de compañía propia[39].

Por otro lado, en el texto impreso, rico en cambios en relación con el códice, se lee nada menos que el siguiente atentado contra la rima y la medida: «Carrero, Telles y Salas piden / perdón a Vuesas Mercedes...» Los estudiosos del teatro español del Siglo de Oro conocen

---

[38] Sobre el primero, cfr. los datos allegados por H. E. Bergman, *Luis Quiñones de Benavente y sus entremeses*, Madrid, 1965, págs. 510-511; sobre el segundo y el tercero, Jean Canavaggio, ed., Morales, *Comedia de los amores y locuras del Conde Loco*, París, 1969, páginas 67-68, 68-70, etc.

[39] Para éste, cfr. simplemente H. A. Rennert, *The Spanish Stage in the Time of Lope de Vega*, Nueva York, 1909, pág. 425; J. Sánchez Arjona, *Noticias referentes a los anales del teatro en Sevilla...*, Sevilla, 1898, pág. 124.

a varios representantes de apellido «Salas», y a alguno (o, mejor, alguna) que respondía por «Téllez»; no tengo noticia de ningún «Carrero», ni sé que trabajaran juntos ningún Salas ni ningún Téllez. En cualquier caso, el dato es de interés secundario. Porque las metamorfosis del verso 2891, igualando a Arteaga, Morales[40] y demás, insinúan que nos hallamos ante meros cómicos, mejor que ante comediógrafos[41]; e incluso si algo aportaron esos nombres a la fisonomía de la pieza, el melodrama ha de considerarse producto de una cadena de anónimos.

La acción transcurre en tiempos de don Enrique III *el Doliente*, cuando las campañas de Portugal. El protagonista, don Alonso de Girón (con «sangre... de Vivero», según una estrofa añadida al margen),

> *de cortesanos espejo,*
> *que al girón de tela hizo*
> *de tres altos con sus hechos,*
> *después que venció en batalla*
> *al lusitano soberbio*
> *y dio materia a la fama*
> *para volar por mil reinos,*
> *llevándose en un sarao*

---

[40] Como digo, sólo a Alonso de Morales sabemos poeta con certeza; pero hay que subrayar que, de haber escrito un «Morales» el *Caballero* de 1606, su nombre aparecería en primer término, no como enmienda al manuscrito, con vistas a la representación de noviembre de 1607. Vid. también J. Canavaggio, *op. cit.*, págs. 71-79.

[41] Menéndez Pelayo [1899], pág. 64, se siente dispuesto a atribuir la obra a Andrés de Claramonte; E. Juliá Martínez [1944], págs. 43-71, se decide por Cristóbal de Morales, autor de *Amores de Dido y Eneas*, *La estrella de Monserrate* y otras flojas comedias (muy tardías), al que cree identificable con el actor de ese nombre que en 1621 trabajaba en la compañía de Alonso de Olmedo Tofiño, de la que también formaba parte Francisco de Artiaga (sobre estos dos últimos, cfr. ahora H. E. Bergman, *loc. cit.*, págs. 512-514, y 458-459); M. A. Buchanan, «Notes on Spanish Drama», *Modern Language Notes*, XXII (1907), páginas 217-218, se pregunta si «fue Tirso uno de los autores de *El Caballero de Olmedo*»; cfr. también A. Restori, *Zeitschrift für Romanische Philologie*, XXIX (1905), pág. 358.

> *de galán y bravo el premio,*
> *a torear salió un martes*
> *en un andaluz overo.*
> *¡Oh qué lindas suertes hizo!*
> *Mas ¡ay! que un conde soberbio*
> *vio que enviaban las damas*
> *los ojos tras el mancebo;*
> *jugó cañas, y, topando*
> *una con su brazo izquierdo,*
> *hizo la punta la suerte*
> *en doña Elvira Pacheco;*
> *echóle* [ella] *su lienzo apriesa* [a don Alonso],
> *mas, tras el cielo del lienzo,*
> *quedó abrasándose el Conde*
> *con el infierno de celos.*

El rival «soberbio» es un cierto Federico, «conde inglés», cuyo amor por doña Elvira tiene de valedora nada menos que a la Reina, de suerte que la dama recurre al ardid de fingir vocación religiosa, para evitar las solicitaciones de uno y otra. Don Alonso salva al Conde en un trance apurado y al día siguiente, en el «martes» fatídico, se lleva todos los vítores en los toros y en las cañas. La repetida humillación ante el Caballero decide al Conde a acabar con él, ayudado por Rodulfo, «extranjero», y «otros cuatro». Cuando, tras las fiestas, con el deseo de ver a su madre enferma,

> *partió a Olmedo don Alonso,*
> *fuele al contrario siguiendo*
> *y en medio de un despoblado*
> *rompió a lanzadas su pecho.*
>   Que de noche lo mataron...[42]

---

[42] Simplifico mucho la trama, apoyado en el romance de los versos 2801-32, que se remata con la seguidilla «Que de noche...». En la primera redacción del manuscrito, el «romance» y la «letra» son obra de «un pasante [de leyes], mancebo», quien encarga ponerlos «en la guitarra» a «un criado suyo, músico»; indica éste: «Un tono tengo / hecho al vuelo, estremado y no difícil, / que entiendo cuadrará bien

Don Rodrigo Girón, padre del Caballero —a quien halla agonizando en el camino—, acude a la justicia real. Pero es la misma doña Elvira quien apuñala al Conde cuando éste, tras sobornar al portero, penetra en la alcoba de la dama, prometiendo bodas, pero aclarando, en truculentos apartes: «Gozarla y irme intento». Doña Elvira, «viuda por casar», pide licencia al Rey «para ser monja profesa».

Aunque probablemente no ignoraba el romance sobre don Juan, el melodrama anónimo tuvo por principal fuente de inspiración el primitivo baile del Caballero (cuyos injertos lírico-coreográficos incluso llega a evocar claramente). Los motivos tomados de ahí están en ocasiones reordenados (por ejemplo, entre las fiestas y el asesinato falta la escena de la reja, anticipada al primer acto y a otro episodio del segundo) y se aderezan con estampas guerreras, cortesanas y cómicas —donde se desboca Galapagar, el criado de don Alonso—, con la tenue intriga secundaria de los amores de don Diego y doña Clara, o con las alusiones a un fondo histórico toscamente dibujado (así al cargar las tintas en el contraste de Enrique III con la Reina, doña Catalina de Lancaster, prima del «conde inglés»). La lengua y las imágenes de tradición lírica no pasan de un barniz superficial —con frecuencia chillón—, sin cobrar entidad propiamente teatral. Ningún posible acierto menor basta a compensar el desaliño y torpeza del verso, lo grotesco y deshilvanado de la trama, lo burdo de los caracteres.

---

a esta letra / y al romance» (2641-44); y, por inadvertencia del cura de Olmedo, la pieza así nacida se canta ante el Rey, doña Elvira y el padre de don Alonso. En la segunda redacción del códice y en el texto impreso, no se cuenta el origen del «romance» y la seguidilla aneja, pero sí se muestra cómo don Diego, «amigo del alma» del Caballero, para provocar el desenlace, se ocupa —cuando menos— en que sean cantados en presencia del Rey, quien al oírlos comenta: «Voz del pueblo es voz de Dios, / y, pues ya el pueblo lo dice, / nada esa verdad desdice» (ed. E. Juliá, págs. 203-205).

II

LOPE DE VEGA

Lope de Vega, «palabra viva de su pueblo» —en la bella definición de don José F. Montesinos—, cantó con él más de una vez la copla del Caballero: vuelta a lo divino

> *(Que de noche le mataron*
> *al Caballero,*
> *a la gala de María,*
> *la flor del cielo...*

> *Que de noche le mataron*
> *al divino Caballero,*
> *que era la gala del Padre*
> *y la flor de tierra y cielo...)*

o en una humanísima y regocijada versión de negros:

> *Yesta noche le mantaron* [sic]
> *a la Cagayera,*
> *quen langalan den Mieldina,*
> *la flor de Omiela* [43].

Pero sólo hacia 1620 —presumiblemente en el período de mayor popularidad del baile teatral y de la seguidilla— se decidió a recrear la leyenda a la altura de los tiempos y de su propio talento, con la tragicomedia de *El Caballero de Olmedo* [44].

---

[43] Las citas proceden, respectivamente, de los autos *De los cantares* y *Del pan y del palo* (¿1612?), en L. de Vega, *Obras*, ed. M. Menéndez Pelayo, II, págs. 411 y 230; y de *El santo negro Rosambuco, idem*, IV, página 375 (para la fecha, cfr. n. 17; debe leerse *yesta* [*e = ie*], no *y esta*). En *El truhán del cielo, idem*, V, pág. 555, se halla también: «Alabanzas divinas / todos cantemos / a la gala de la gracia, / la flor del cielo»; pero, en el texto conocido, la comedia se juzga hoy apócrifa.

[44] Sobre el texto, véase abajo, págs. 84-87.

La datación 'hacia 1620' se diría bastante segura. Por un lado, Lope no menciona la obra en el catálogo de su producción dramática que trae la edición revisada (1618) de *El peregrino en su patria*[45], y, además, los expertos de máxima autoridad han dictaminado que la versificación del *Caballero* —desde el comienzo en décimas— responde ceñidamente a los usos métricos del Fénix entre 1620 y 1625[46]. Pero, por otra parte, los márgenes así fijados todavía se dejan delinear mejor: pues medio centenar de octosílabos del primer acto (75-126) se publicó ya en 1621, en la *Primavera y flor* reunida por el licenciado Arias Pérez[47], con claros signos de haber sido tomado y adaptado de la tragicomedia[48].

---

[45] Ed. J. B. Avalle-Arce, Madrid, 1973, págs. 57-63 (y notas correspondientes).

[46] S. G. Morley y C. Bruerton, *Cronología de las comedias de Lope de Vega* (trad. esp., puesta al día por S. G. Morley), Madrid, 1968, páginas 294-296; los límites extremos que cabría aceptar son 1615 y 1626.

[47] Según advirtió J. A. Moore [1940]. Vid. Pedro Arias Pérez, *Primavera y flor de los mejores romances*, ed. J. F. Montesinos, Valencia, 1954, núm. 32, págs. 56-58 (y 247-248), así como J. F. Montesinos [1967], pág. 234, y abajo, 75 n.

[48] Repárese en la referencia a la feria de Medina (76), uno de los poquísimos datos de color local en toda la tragicomedia (las ferias de Medina fueron tan importantes como famosas), y en el decisivo enlace de algunas cuartetas (así 83-86 y 107-110) con motivos y recursos esenciales en la obra (cfr. arriba, págs. 24-26; y, por otro lado, M. Socrate [1965], pág. 98). Entre los poemas de diseño afín (vgr., *Romancero general*, ed. A. González Palencia, Madrid, 1947, núm. 501), el más cercano al de Lope se me antoja un romancillo de Quevedo, *Floris disimulada va a una feria* (en *Obra poética*, ed. J. M. Blecua, I [Madrid, 1969], núm. 428), no impreso hasta 1637.

M. Socrate [1965], págs. 99-95, contempla la posibilidad de que la escena del acto segundo en que Inés revela a don Pedro el (falso) deseo de tomar el velo se inspire en la declaración análoga (pero «tan de veras») que una hija suya, Marcela, le hizo a Lope en 1621 y éste relató en 1623 con similares juegos de palabras a propósito de «esposo» o «casarse» (aunque son juegos, acotaré, siempre triviales en la tradición cristiana: desde los ecos medievales del *Cantar de los cantares* a las memorias del doctor A. Puigvert, *Mi vida... y otras más* [1980], pasando por *Tormento* o *Fortunata y Jacinta*).

La leyenda brotada a raíz del asesinato de don Juan de Vivero, así, entra en *El Caballero de Olmedo* tal y como había llegado a elaborarse a la altura de 1620. Hay que descartar la posibilidad de que Lope tuviera información históricamente fidedigna sobre el suceso de 1521 y la identidad real del «caballero de Olmedo» tan celebrado. «Cuando Lope conoce una tradición por testimonio escrito, sigue escrupulosamente su texto»[49]. De haberle caído en las manos cualquier noticia solvente sobre don Juan de Vivero y las circunstancias de su muerte, sin duda la hubiera aprovechado con no menor atención de la que gastó en espigar en la *Crónica de don Juan II* algunos detalles susceptibles de prestar a la trama ficticia la dignidad de un cierto marco histórico[50]: entre otras razones, porque la pieza poseía una fundamental dimensión «trágica»[51]. No ha faltado quien notara, sin embargo, que los bisabuelos del auténtico «Caballero de Olmedo» se llamaban *Alonso* Pérez de Vivero († 1453) e *Inés* de Guzmán. Pero igualmente debe desecharse la conjetura de que Lope supiera que el personaje legendariamente bautizado «don Alonso» (vid. arriba, páginas 47, 49) pertenecía al linaje de los Vivero; porque, si tales pistas le hubieran llevado a consultar algún

---

[49] J. F. Montesinos, en J. F. Gatti [1962], pág. 40, n. 7.

[50] En esa *Crónica*, compilada por Galíndez de Carvajal, o en otra fuente dependiente de ella, recoge Lope, en efecto, unos cuantos datos para situar la acción en el tiempo —con escaso rigor— e introducir la figura del Rey, imprescindible en una tragedia. Don Juan II y Álvaro de Luna, conocidos de todos, se presentan según todos esperaban: irresoluto y débil el uno, aunque al fin justo como rey; resuelto y dominante, el otro. No hay, por supuesto, reconstrucción arqueológica o psicológica del ambiente de antaño: si se quitan las referencias anecdóticas procedentes de la *Crónica* y —quizá— alguna *idée reçue* sobre la España del siglo xv (vid. n. 52, al fin), el lenguaje, las modas, las maneras... son de los días de Lope. Cfr. J. Sarrailh [1935*b*] y, pese a que su original planteamiento no me parece aceptable, J. Sage [1974], páginas 90-105; vid. también mis notas a 854, 1315, 1564, 1572, 1593, 1602, 2631.

[51] Cfr. arriba, pág. 14 y n. 2; y E. S. Morby [1943], págs. 192-194.

repertorio genealógico[52], ni se le habría pasado por la cabeza dar a «don Alonso» el apellido de «Manrique» (2265, 2564, 2615). La coincidencia onomástica y cronológica entre los protagonistas del drama y los bisabuelos de don Juan es puramente casual. Con la particularidad de que si «Alonso» e «Inés» son nombres gratísimos a Lope —quien los emplea para más de otra pareja—[53] y la tradición imponía el del Caballero[54], el de la dama brindaba la oportunidad de realzar la imagen del héroe «por ella muriendo», con una pertinentísima glosa a la divulgada canción *En el valle a Inés*[55].

No, del suceso de 1521 Lope no alcanzó sino los ecos transmitidos por la poesía. Es probable que conociera el antiguo romance sobre don Juan y que no se limitara a citar el verso y utilizar la brizna argumental que se

---

[52] Donde tenía para elegir entre varios «Alonso» (y hasta entre más de un matrimonio de «Alonso» e «Inés») en la familia Vivero (vid. n. 2), sin necesidad de fijarse en el Contador Mayor de Juan II, Alonso Pérez de Vivero, cuya espantable muerte (arrojado desde una torre, un Viernes Santo, a instigación de don Álvaro de Luna) y numerosa prole (nueve hijos conocidos) en ningún modo permitían confundirlo con el caballero de Olmedo; y ello, por más que en Valladolid quedara fama de él «como hombre que debía ser agorero» y amigo de consultar a «hechiceras de las que en aquel tiempo había en Castilla en tanta abundancia» (Damasio de Frías, en N. Alonso Cortés, *Miscelánea vallisoletana*, I, pág. 262; cfr. también J. Caro Baroja, *Vidas mágicas e Inquisición*, I [Madrid, 1967], págs. 192 y 202).

[53] Vid. S. G. Morley y R. W. Tyler, *Los nombres de personajes en las comedias de Lope de Vega*, Berkeley-Los Ángeles, 1961.

[54] Por el momento, ninguna prueba certifica ni desmiente la posibilidad de que fuera el actor *Alonso* de *Olmedo* Tofiño (cfr. n. 41) quien estrenara la tragicomedia (o representara el baile), según insinúan I. I. Mac Donald [1934] y J. Sage [1974], págs. 20, 59; pero no es una corazonada desdeñable (vid. arriba, pág. 21, n. 20).

[55] Versos 1104-1108 y ss.; cfr. arriba, págs. 24 (n. 28), 32. La canción se había publicado ya en la *Flor de romances* de Zaragoza, 1578 (cfr. J. M. Blecua [1954]); se encuentra también en los manuscritos 1649 de la Biblioteca Universitaria de Barcelona y (vuelta a lo divino) 3168 y 4154 de la Nacional de Madrid. No es el mismo caso para el dicho recordado en el verso 999; y ya he advertido (n. 48) que el romance impreso por P. Arias Pérez debió de salir de la tragicomedia.

nos han conservado (véase págs. 44-45). Pero la fuente
primaria de nuestra obra es el baile teatral del Caballero,
y precisamente en el estadio más avanzado de su evolución, como se documenta en los textos manuscritos
(cfr. págs. 49-51).

Prácticamente todas las viñetas y aun las pinceladas
menores del baile tienen equivalente exacto en la tragicomedia: desde el esplendor de las fiestas hasta la denuncia
del crimen por boca del escudero [56]. Pero asimismo es
obvio que las más de tales reminiscencias se concentran
en la jornada tercera, que sigue al baile punto por punto,
ya en las acciones, ya en las motivaciones [57], salvo en
las escenas que Lope intercala para trenzar impecablemente los hilos de la trama que por su propia cuenta
había desplegado en los dos actos anteriores. En breve:
El Caballero de Olmedo es una intriga urdida por Lope
(I-II) para introducir los hechos narrados en el baile (III).

Conviene extender un poco, no obstante, esa síntesis
de urgencia. Lope descartó deliberadamente la versión

---

[56] Incluso la reverencia que, en el baile, obliga don Alonso a hacer
al caballo ante la dama («a la ventana» o «en un balcón») se corresponde
con la baladronada de Tello: «Tú me verás en la plaza / hincar de
rodillas toros / delante de sus ventanas» (1811-1813). Claro está que
Lope también adapta a sus conveniencias otros elementos: es Inés
quien pide justicia, pero no amenaza con tomársela por sí misma
(aunque la única edición de la tragicomedia muestra una laguna en ese
momento; cfr. pág. 87); o bien el escudero no va con don Alonso en el
trance mismo de la muerte, pero igualmente es él quien da la noticia
a la dama. Inútil añadir que el baile circuló en muchos textos y esceni-
ficaciones, y que no hay medio de fijar cuál exactamente tuvo en cuenta
Lope, por más que sea indisputable su cercanía a la versión manuscrita.

[57] Realzo sólo un aspecto que, si no, podría pasar inadvertido: las
alusiones a la «envidia» y a los «envidiosos» como móvil y culpables
del asesinato se hacen esperar hasta el tercer acto, acumulándose en él
(cfr. 1800, 1883, 2164, 2198, 2287, 2289, 2468), por fidelidad al baile
(manuscrito, 55, 59; impreso, 20, 65). Conviene retener el dato cuando
se hable del «pundonor» o la «justicia poética» en la tragicomedia
(cfr. arriba, págs. 17, n. 13, y 26, n. 30): no son tanto las virtudes o de-
fectos propios del Caballero, como los factores ajenos a él, irremedia-
bles —el destino, hecho, por ejemplo, envidia—, los que lo conducen
a la muerte.

del baile impresa en la *Séptima parte* de sus comedias[58] y se atuvo a la que corría por manuscritos y escenarios[59]. La versión de la *Séptima parte* —según todos los indicios— estaba muy próxima al prototipo originario del baile y a través de él se le contagiaría la rapidez romanceril de la primitiva balada sobre don Juan de Vivero. La versión manuscrita, más tardía, sin rechazar el contraste impresionista de los dos núcleos del baile —el triunfo y la desgracia de don Alonso—, los enlaza más elaboradamente, con una transición agridulce: la despedida en la reja (61-110). Ahí, el Caballero no celebra las glorias recientes, sino que lamenta «el rigor de aquesta ausencia», la inquietud, «confusión / y obscuras tinieblas» que despiertan «el amor / y los celos». Ni la dama tiene palabras de júbilo y exaltación, sino «de llanto y de pesar», «lágrimas para poder llorar» los «despojos» del Caballero, quien parte hacia Olmedo «suspenso y confuso».

A esa altura en la evolución del baile, digo, a la altura de los manuscritos, aborda Lope la leyenda: cuando «confusión y... tinieblas» —si no son presentimientos— matizan ya el retrato del héroe a medio camino entre el aplauso y la muerte; cuando no basta oponer el uno a la otra, sino que también se buscan los vínculos que los encadenan fatalmente. La reducción de la leyenda a una seguidilla proporcionaba un paradigma lírico; la trayectoria del baile[60] incitaba a enriquecer la trama. Con

---

[58] Quizá precisamente por estar impresa ahí y atribuida a él; cfr. F. Rico [1980], n. 64.

[59] Con ella coincide —frente a la impresa— del principio al fin: de la fecha (para la Cruz de Mayo, y no en la víspera de San Pedro) al arma del delito (escopeta, y no lanza), pasando por la confabulación y apostamiento de los traidores (ausentes del baile impreso), el rechazo del nombre de «Elvira» para la dama o la forma (anticuada) de glosar la seguidilla; más pormenores, en F. Rico [1980].

[60] Lope hubo de ser muy consciente del 'progreso' dramático de la versión manuscrita respecto a la impresa en la *Séptima parte* de sus comedias: leer el baile ahí le imponía un cotejo inesquivable con la refundición que le era más familiar y privaba entre 1617 y 1620.

tal pauta y tal impulso, nada más sencillo —para un Lope— que imaginar una fábula que desembocara en los sucesos abocetados en el baile. Ni siquiera faltaban en éste, por si fuera poco, sugerencias hasta demasiado fáciles para hombre tan ducho en el oficio. Por caso: la despedida de los enamorados, con la inminencia de la muerte, llevaba a recordar *La Celestina*, la eficacia escénica de cuyos ingredientes Lope había explotado repetidas veces (cfr. pág. 27, n. 33). O bien el baile se abría con el éxito de un caballero de Olmedo en las fiestas de Medina. Pero con una situación paralela comenzaba *El dómine Lucas* (que Lope revisó para la imprenta en 1620[61]): un forastero, Floriano, se lleva la gala en los toros de Alba, suscitando la envidia de los naturales y el amor de Lucrecia, de quien está prendado. En *El dómine Lucas*, al protagonista, para ver y hablar a la dama —pues, como extraño en Alba, no puede recurrir a los expedientes convencionales—, se le ocurre una artimaña destinada a gozar de extraordinaria fortuna teatral[62]: se planta en casa de Lucrecia con apariencias de estudiante menesteroso y enfermo, y logra quedarse para

---

[61] La *Decimaséptima parte*, donde se publicó la obra, con dedicatoria a Juan de Piña, lleva la suma del privilegio datada a 31 de octubre de 1620.

[62] Cfr., como muestra, G. T. Northup, «*El dómine Lucas* of Lope de Vega and Related Plays», *Modern Language Review*, IV (1908-1909), páginas 464-465; F. Weber de Kurlat, «Hacia una morfología de la *comedia* del Siglo de Oro», *Anuario de Letras*, XIV (1976), págs. 101-138 (131); F. Rico, ed., *La novela picaresca española*, I (Barcelona, 1966), página 242, n. 106. Es curioso que *El maestro de danzar* (1594), otra comedia donde cobra especial relieve la treta aludida, comience presentando el desconcierto del galán, forastero en la villa, y evocando, en el marco de unas celebraciones, cómo «el hijo del Condestable / bizarro a unas fiestas entra»; recuérdese, en efecto, el principio del baile en el texto manuscrito: «Un caballero de Olmedo / bizarro vino a las fiestas...» Si la concordancia no es enteramente trivial, más motivo para que Lope, advirtiendo que el baile estaba en deuda con *El maestro de danzar*, trazara ciertas líneas del *Caballero* en convergencia con las de dicha comedia.

enseñarle «a leer latín y [escribir] tirado», mientras el padre se dispone a casarla con un galán que dista de ser trigo limpio. Etcétera, etcétera. ¿Por qué no iba a ir don Alonso, o Tello con Fabia, por donde fue un dómine Floriano o Lucas con ribetes celestinescos?[63] En el repertorio del Fénix había materiales de sobra para desarrollar con originalidad sugerencias ajenas y dar frescura a hallazgos suyos viejos ya; y, a decir verdad, una pieza tan sigular como *El Caballero de Olmedo* apenas contendrá un elemento dramático (llámesele, si se quiere, macrosecuencia, microsecuencia, función...) sin docenas y docenas de análogos en la producción lopeveguesca.

Por ello mismo, si Lope lo conoció, nada tenía que aprender en el melodrama anónimo (cfr. págs. 56-60). ¡Ojalá nos constara que lo vio en Madrid en 1607![64] Porque, entonces, sería realmente ejemplar comprobar hasta qué extremo lo había despreciado (no era flaco de memoria) hacia 1620. Ciertamente, no hay ninguna semejanza en los grandes rasgos de las intrigas con que el melodrama y la tragicomedia arropan, respectivamente, el núcleo común venido del baile[65]. Desde luego, no faltan afinidades en aspectos menores, o mínimos, pero en general responden a estereotipos tan triviales

---

[63] Floriano, con disfraz de tercer grado, se finge alcahuete de sí mismo, ofrece a Lucrecia remedios para «algún dolorcillo / o alguna secreta falta» (cfr. *Caballero*, 362 n.); «Quizá el dómine tocó / un paso de *Celestina*», comenta la moza; y en seguida se trata —como en Fernando de Rojas— de curar un dolor de muelas con la oración de Santa Apolonia y sale a relucir que «dejó Celestina nietos» (en L. de Vega, *Obras*, ed. E. Cotarelo y Mori, XII, págs. 67-68). Cito el caso para apuntar que el mismo dechado celestinesco podía resolverse en diversos modos.

[64] Es sagaz conjetura de N. D. Shergold [1973], pág. 280.

[65] Nótese únicamente que el melodrama dedica todo el acto tercero a la descabellada venganza de la «viuda por casar»; Lope, que —cuando menos— la encontraba planeada en el baile manuscrito (cfr. arriba, página 51), prescinde de ella por completo (Inés no pasa de pedir justicia; vid. n. 56).

de la comedia nueva, que lo que de hecho suponen es la influencia del Lope anterior a 1606 sobre los responsables del melodrama[66].

Entre los grandes rasgos y los aspectos menores, sin embargo, conviene situar una tercera categoría con coincidencias de más interés. Así, en principio no suena mal la hipótesis de que Lope tomara del anónimo la falsa vocación religiosa de la dama y su final retiro a un convento[67]: pero, desde la pastorela medieval a los corrales del Siglo de Oro, son ésas soluciones que, a fuerza de reiteradas en la vida y en la literatura, resultan irrelevantes a nuestro objeto[68]. No son datos desdeñables que en el melodrama se haga algún uso de la imagen que equipara la *ausencia* a la 'muerte' o bien los agüeros desempeñen un cierto papel: pero los tópicos de los poemas *A una partida* (como la esbozada en el baile) estaban tan sólidamente acuñados[69] y a los presagios se les prestaba de antiguo tanta importancia en el teatro[70], que tampoco se impone establecer ninguna relación

---

[66] N. D. Shergold [1973] considera posibles deudas de Lope respecto al melodrama la lucha de unos personajes junto a la reja de la dama y la humillación del malvado y el éxito del héroe en las fiestas: en realidad son clichés manoseadísimos, como —por añadir alguno— que la muchacha dé una manga o banda al caballero o que el toro deje sin calzas al gracioso. Señala igualmente el profesor Shergold que el don Alonso del melodrama también salva la vida a su rival: hay que matizar, sin embargo, que no lo hace en el coso, como insinuaba el baile manuscrito y complacía a Lope (cfr. F. Rico [1980], n. 35).

[67] M. Bataillon [1961], págs. 239-240; N. D. Shergold [1973], páginas 275, 277.

[68] Vid. sólo M. de Riquer, *Los trovadores*, I (Barcelona, 1975), página 64; M. R. Lida de Malkiel [1962], pág. 215.

[69] Véase arriba, pág. 33, n. 38; vana, pues, cualquier tentación de derivar el «yo parto y parto a la muerte» (Lope, 2223) del «si parto, parto a morir» (melodrama, 98), etc.

[70] Con los pasajes citados por N. D. Shergold [1973], págs. 277-279, compárense simplemente los reunidos por M. Herrero-M. Cardenal, «Sobre los agüeros en la literatura española del Siglo de Oro», *Revista de filología española*, XXVI [1942], págs. 15-41, y R. del Arco, *La sociedad española en las obras dramáticas de Lope de Vega*, Madrid, 1941, páginas 129 y ss.; cfr. abajo, notas 73 y 74.

de dependencia. Ni aun se impone cuando el vínculo parece más específico. «Un rasgo excepcional de *El Caballero de Olmedo* —se ha escrito— es que el protagonista tenga padres [cfr. n. 300] y cuide de ellos»[71], de suerte que el deseo de no preocuparlos lo decida a regresar a casa la noche de la tragedia (1908, 1975, 2354). ¿Procederá la idea del melodrama, donde don Alonso vuelve a Olmedo para ver a su madre enferma? Difícilmente. La tradición exigía que el Caballero muriera al ir de Medina a Olmedo. El anónimo no halló mejor forma de motivar el viaje que endosarle a «la vieja» un ridículo achaque «de gota» (1257). Lope lo justificó irreprochablemente, desde dentro de la acción, con la intranquilidad —ayer como hoy— del matrimonio olmedano cuyo hijo se va a jugar la vida en los toros de Medina.

Si suponemos, no obstante, que Lope tuvo presente el melodrama, el punto que debiera llamarnos la atención es que descartara por completo su trama fundamental, para fijarse sólo en un par de detalles o procedimientos secundarios allí y a los que él dio enjundia y sentido harto distinto. En la pieza anónima, la dama promete al villano: «Yo seré tu muerte» (1393); y la promesa se cumple cuando, tras asesinar a don Alonso, el Conde se dice: «empiezo a vivir..., hoy nací» (1909). Ahora bien, de ese escuálido planteamiento mal podían salir el «serás mi muerte, señora» (479), y toda la ironía trágica que Lope despliega a propósito de don Rodrigo (vid. pág. 32), en significativa simetría con la trenzada en torno al Caballero. Mas, si salieron, el discernimiento artístico es sin duda de «monstruo de naturaleza».

La tradición literaria del Caballero, en cualquier caso, no está únicamente *detrás* de la tragicomedia, inspirando al autor, condicionando al público y haciendo cómplices a los dos: se desliza incluso *dentro* de la tragicomedia,

---

[71] M. R. Lida de Malkiel [1972], pág. 200; cfr. J. Sage [1974], páginas 23, 47.

cuando Tello vaticina ante el Rey que el entierro de
don Alonso

> será el del fénix, Señor,
> después de muerto viviendo
> en las lenguas de la fama,
> a quien conocen respeto
> la mudanza de los hombres
> y los olvidos del tiempo.
>
> (2702-2708)

Después de tantos agüeros de muerte hechos *in vita*,
un augurio de vida *in morte;* unos y otro fiados mayor-
mente a la popularidad de la seguidilla: «Que de noche
le mataron...»

Lope había empezado dando por supuesto que nadie
ignoraba la copla y concluía aludiendo a ese punto
de partida. Entre ambos extremos, la ironía trágica quiere
que el Caballero oiga la canción sin entenderla y dé por
cosa pasada la profecía que encierra —en efecto— como
sentencia ya irremediablemente cumplida. Al pesar en
el recuerdo a lo largo de toda la obra, la seguidilla con-
vertía a los espectadores en una suerte de coro —al modo
clásico— que evocaba y plañía el destino del héroe. Pero
sólo al final suena entera en las tablas, ambiguamente glosada (2386-2392) y elucidada. Es un labrador quien la
entona, y por encargo de Fabia, según le aclara a don
Alonso:

> No puedo
> deciros deste cantar
> más historias ni ocasión
> de que a una Fabia la oí.
> Si os importa, yo cumplí
> con deciros la canción.
> Volved atrás...
>
> (2403-2408)

Sin embargo, ¿la ha compuesto Fabia, o más bien,
como cree don Alonso, «es canción / que por algún

hombre hicieron / de Olmedo, y los de Medina / en este camino han muerto»? [72]

Retrocedamos unas escenas. Don Alonso anda ya, obscuro bajo la noche sola, por el camino de Medina a Olmedo; «una Sombra, con una máscara negra y sombrero, y puesta la mano en el puño de la espada» (señala la acotación), le sale al encuentro.

> Don Alonso.   *¿No dice*
> *quién es?*
> La Sombra.   *Don Alonso*
> Don Alonso.   *¿Cómo?*
> La Sombra.   *Don Alonso*
> Don Alonso.   *No es posible.*
> *Mas otro será, que yo*
> *soy don Alonso Manrique...*
> *Si es invención, ¡meta mano!*
> *Volvió la espalda...*
>   (2261-2267)

No falta en el teatro de Lope la injerencia de lo maravilloso [73], y en más de un caso *(Las paces de los reyes, La imperial de Otón...)* «es una 'sombra' lo que aparece en escena... Tales sombras tienen con frecuencia un sombrío carácter agorero, son como encarnaciones, corporeizaciones del lúgubre ambiente que rodea a los héroes en quienes la fatalidad se ceba». El público de Lope —el mismo Lope— admitía sin dificultad el elemento prodigioso en su visión del mundo, como perteneciente a un orden de cosas no por extraordinarias y superiores menos reales. Pero la sombra de don Alonso, entiéndase como

---

[72] Cfr. E. Anderson Imbert [1960], págs. 17-18, n. 2, y arriba, página 19 y n. 15.

[73] Vid. el imprescindible estudio de J. F. Montesinos, ed. L. de Vega, *El marqués de las Navas*, Madrid, 1925, págs. 138-169 (141-142); también, M. Socrate [1965], págs. 143-158, y M. N. Pavia, *Drama of the Siglo de Oro. A Study of Magic, Witchcraft, and Other Occult Beliefs*, Nueva York, 1959, con materiales útiles, pero mejor aprovechados por J. Caro Baroja, *Teatro popular y magia*, Madrid, 1974.

se entienda, es un rotundo acierto dramático. Porque ¿qué o quién es tal Sombra? La sofistería moderna podría hablar aquí de una duplicación de los contenidos de conciencia, cosicosa con abundantes paralelos literarios, digamos, en la época romántica, los novelistas rusos, *Realidad* de Galdós o *Great God Brown* de O'Neill; la ciencia de Lope (con harto mejor fundamento que el psicoanálisis, sin ir más lejos) también era capaz de puntualizar que el 'humor melancólico' produce alucinaciones y da forma visible a los presentimientos (vid. arriba, pág. 17, n. 13). Eso mismo se dice el Caballero:

> *Todas son cosas que finge*
> *la fuerza de la tristeza,*
> *la imaginación de un triste.*
> *¿Qué me quieres, pensamiento,*
> *que con mi sombra me afliges?*
> (2273-2277)

Mas el propio don Alonso no carece de otras explicaciones:

> *O* embustes de Fabia *son,*
> *que pretende persuadirme*
> *porque no me vaya a Olmedo,*
> *sabiendo que es imposible.*
> *Siempre dice que me guarde,*
> *y siempre que no camine*
> *de noche, sin más razón*
> *de que la envidia me sigue.*
> (2280-2287)

Aunque don Alonso no cree «en hechicerías» (984) y Tello es muy dueño de tildar «sueños» y «agüeros» de «cosas a la fe contrarias» (1797)[74], ni autor ni público

---

[74] Este era, no obstante, un punto más que discutible en la época. Cfr. O. H. Green, *Spain and the Western Tradition*, II, págs. 233-239, y J. Caro Baroja, *Vidas mágicas e Inquisición, passim;* y compárese,

los rechazaban en la «farsa *convenida*» del teatro, en el *tertium quid* —ni verdad ni mentira— de la obra literaria, ni a los personajes se les escapa que entre los poderes de Fabia se cuentan «trasponer un monte» y «llevar un hombre por el aire» (2320-2326), como asegura don Rodrigo *en la escena inmediata.* Hechizo o embuste (y Lope no quiso cerrar ninguna posibilidad), lo importante es que la Sombra ha sido enviada por Fabia. Lo confirma (si puede pedirse lógica al portento) la glosa puesta en boca del labrador bien aleccionado: «*Sombras le avisaron...*» Vale decir: si Fabia le enseñó el cantar al labrador, también hubo de tramar el encuentro con la Sombra[75]. Pues bien, la seguidilla del Caballero podría ser aviso celestial (2378-2381, 2466), o «imaginación» provocada por el 'humor melancólico', pero —en palabras de don Alonso— más parece que

> invención de Fabia es,
> *que quiere, a ruego de Inés,*
> *hacer que no vaya a Olmedo.*
> (2383-2385)

No en balde, cuando Inés teme haber de marcharse a Burgos, la tercera recela peor fortuna:

> *Yo pienso que mayor daño*
> *te espera, si no me engaño,*
> *como suele suceder,*
> *que en las cosas por venir*
> *no puede haber cierta ciencia.*
> (2530-2534)

---

por otro lado, P. E. Russell, *Temas de «La Celestina»*, Barcelona, 1978, páginas 241-276, y F. Rico, «Brujería y literatura», *Brujología*. [*Ponencias y comunicaciones del Primer Congreso Español de Brujología*], Madrid, 1975, págs. 97-117.

[75] I. I. Mac Donald [1935], pág. 195, opina que la glosa «Sombras le avisaron» no es original de Lope; ni un indicio apoya tal creencia. Vid. también B. W. Wardropper [1972], pág. 191.

Ni en balde, cuando Inés recibe enhorabuenas por quedar libre al fin para casarse con quien ama, Fabia persiste en tristes ideas:

> *El parabién te doy,*
> *si no es pésame después.*
> (2587-2588)

La seguidilla se le había entreoído a Fabia con tono algo distinto, cuando era ella quien se hacía ilusiones: «que serás dichosa, espero, / con hombre que es en Castilla / *la gala de Medina*, / *la flor de Olmedo*» (884-887). Pero el destino ha obligado a la comadre a emplear esos versos de «parabién» en un cantar de «pésame». Aún la ironía...

El espectador de hacia 1620 debió de sentir no poca curiosidad por la prehistoria del drama comprimido en la canción que andaba en todos los labios. *El Caballero de Olmedo*, sobre satisfacer tal curiosidad, mostraba el origen de la copla que la había suscitado [76]. En el desenlace, al mencionar la pervivencia de don Alonso «en las lenguas de la fama», Lope daba al público entrada en el mismo escenario. Justo reconocimiento. Porque los logros de la tragicomedia dependían en una proporción capital de la complicidad de un público dispuesto a ver la obra a la luz de la tradición: esencialmente, según la vieja leyenda se cifraba en la seguidilla del Caballero.

---

[76] Para otras piezas en que ocurre otro tanto, cfr. N. Salomon, *Recherches sur le thème paysan dans la «comedia» au temps de Lope de Vega*, Burdeos, 1965, págs. 512-572; M. C. García de Enterría, «Función de la letra para cantar en las comedias de Lope de Vega: comedia engendrada por una canción», *Boletín de la Biblioteca Menéndez Pelayo*, XLII (1965), págs. 3-62; G. Umpierre, *Songs in the Plays of Lope de Vega*, Londres, 1975.

III

Después de Lope

No nos consta que *El Caballero de Olmedo* lope-veguesco se imprimiera sino una sola vez, en 1641 (cfr. pág. 84), y nada sabemos de las representaciones que tuviera en los corrales del siglo XVII. En cualquier caso, después igual que antes de Lope, la leyenda del Caballero circuló principalmente gracias al baile teatral y a la danza «Esta noche le mataron...». La música que en el Quinientos acompañaba a las letras «Por vida de mis ojos» y «Decilde al caballero» (vid. págs. 52-54) seguía siendo tan estimada como para inspirar una deliciosa *Fantasía* de Bartolomé de Selma y Salaverde (Salavert) [77]. Y con la melodía en cuestión, más o menos acomodada a los gustos del momento, debió de danzarse normalmente la copla del Caballero de Olmedo [78].

El *Entremés del Hidalgo* (anterior, creo, a 1650) nos revela que no todos se decidían a hacerlo:

MAESTRO.	*¿Qué mudanza es la que quieres?*
JUAN RANA.	*De mayordomo y criados.*
MAESTRO.	*Vaya, pues,* el Caballero.
JUAN RANA.	*Ni* caballero *ni hidalgo*
	he de danzar en mi vida,
	porque lo tengo jurado.

Pero tampoco faltaban entusiastas como el Toribio del *Entremés del figonero*, de Juan Bautista Diamante:

Yo no bailo el Villano
sí el Caballero...

---

[77] La *Fantasía* de Selma se publicó en su *Primo libro de canzoni, fantasie et correnti di suonnar ad una, due tre e quatro col basso continuo*, Venecia, 1638; cfr. R. D. Tinnell, *loc. cit.*, en n. 25, núm. 1757, y F. Rico [1980].

[78] Con todo, en el siglo XVII no se olvidaron por completo las otras letras; véase arriba, pág. 54 y n. 31.

De hecho, las mismas acusaciones de vejez, de puro menudeadas, prestaron nueva vida a la tradición poética del Caballero. La seguidilla «Que de noche le mataron...» aparece, así, en el entremés de *Los matachines* (junto a otras piezas cuyas gracias son «mohosas y sus invenciones rancias»), con inmediato comento:

> *¡Que hubo un tiempo en que bailasen*
> *con capa, con gorra y bragas...!*

En el entremés de *Los sones* (publicado en 1661), de Sebastián de Villaviciosa, «sale el *Caballero* con vestido antiguo, ridículo»:

CABALLERO.	*Ya yo estoy en la estacada.*
MÚSICO.	Esta noche le mataron
	al Caballero...
	(Comienza a danzar.)
SIMÓN.	*Yo no quiero que usted dance*
	después de muerto.
CABALLERO.	*Yo morí de una fineza*
	por celos de una tirana,
	y los celos me persiguen
	tanto, que aun muerto me danzan.

Con tal ambiente, claro está que las parodias eran de rigor. Hacia 1643, una *Tragicomedia pastoral* de Francesc Fontanella ponía así patas arriba una glosa también aprovechada por Lope (cfr. pág. 51):

> *Aquesta nit la mataren*
> *en esta casa,*
> *a mossegadas feras,*
> *que no ab espasa,*
> *a la botella,*
> *a la gala de Marina,*
> *la flor de Calella.*

A su vez, la *Mojiganga de la gitanada* (transcrita a finales del XVII) presenta a «ciertos sujetos / que con sus bailes pretenden / ser asunto de bureo»; los viejos danzan una vieja música y una letra burlesca:

> *Que de noche le cascaron,*
> *por unos celos,*
> *a la gala de Medina,*
> *la flor de Olmedo.*

Aún Cañizares sabe que el espectador de la *Mojiganga de los sones* ha de reír viendo cómo «sale el Caballero vestido de toreador ridículo» y lamentándose:

> *¿Ustedes quieren dejarme?*
> *¿No saben que aquella noche*
> *que, embozado y muerto de hambre,*
> *iba a la pastelería*
> *por diez maravedís [?] de hojaldre,*
> *en Olmedo, en donde son*
> *los caballeros de alambre,*
> *me dieron tal cuchillada,*
> *que cantaban en las calles:*
> > *Que de noche le mataron...*
> *Pues ¿qué pretenden de mí?*
> *¿Pretenden resucitarme*
> *para meterme en pendencias?*
> *¿No dejarán que descanse?* [79]

---

[79] Las citas recién aducidas (salvo la de Fontanellas, para la cual cfr. F. Rico [1980], n. 9) están espigadas en E. Cotarelo, *Colección de entremeses...*, I, págs. ccxlviii *(Hidalgo)*, clxxxii *(Figonero)*, ccxxiv y ccxxxvi *(Matachines)*, ccxxxvi (Villaviciosa y Cañizares), ccci *(Gitanada)*. Para otros testimonios de la popularidad de la leyenda, en sus varias dimensiones, cfr. *ibidem*, págs. xlvi, ccxlii y ccxlix; *Verdores del Parnaso*, Madrid, 1668, pág. 229; Góngora, *Panegírico al Duque de Lerma*, versos 111-112; J. de Valdivielso, en Biblioteca de Autores Españoles, XXXV, núm. 466 (el texto no entró en el *Romancero espiritual* hasta la edición de 1618 o tal vez de 1638); A. Moreto, en J. Sage [1974], pág. 28, y cfr. R. L. Kennedy, *The Dramatic Art of Moreto*, Philadelphia, 1932, pág. 103; *eadem*, en *Hispanic Review*, IX (1941), página 124; A. Morel-Fatio, *L'Espagne au XVIᵉ et au XVIIᵉ siècle*, París, 1878, pág. 124.

Las alusiones grotescas a la leyenda del Caballero vinieron a culminar, por un lado, o a apoyarse, por otro, en una obra jocosa de raro mérito, inserta en una de las modalidades más interesantes y habitualmente peor estudiadas del teatro español del Siglo de Oro[80]. En 1651, en efecto, apareció en Alcalá de Henares *El mejor de los mejores libros que han salido de comedias nuevas*, y una de las tales es *El Caballero de Olmedo*, de Francisco Antonio de Monteser[81]. Se trata de una hilarante parodia (representada ante Felipe IV, en 1651, y aún repuesta en 1676, 1680 y 1684)[82], cuyo pleno disfrute sin duda suponía a los espectadores el buen conocimiento de una multiforme tradición. Cierto, la pieza de Monteser ofrece coincidencias tanto con la tragicomedia de Lope como con el baile impreso (y, en algún aspecto, quizá también con el melodrama anónimo y el baile manuscrito). Parece imposible determinar si Monteser trabajó a base de recuerdos sueltos, más o menos confusos, o bien tuvo a la vista una ignorada versión de la leyenda que hubiera amalgamado ya elementos de dispar procedencia (aunque la primera hipótesis se me antoja harto más probable); no hay duda, en cambio, en cuanto a la sal, al desquiciado buen humor —hoy, después del surrealismo, curiosamente familiar para nosotros— de

---

[80] Pero véase, entre otros estudios del mismo autor, la sugestiva ponencia de L. García Lorenzo («La comedia burlesca en el siglo XVII») y las consideraciones (de A. Amorós, J. A. Maravall, J. E. Varey, etc.) que la siguieron en las *II Jornadas de Teatro Clásico Español, Almagro, 1979* [Madrid], 1980, págs. 147-167, 203-221; y F. Serralta, «La comedia burlesca: datos y orientaciones», en el colectivo *Risa y sociedad en el teatro español del Siglo de Oro*, París y Toulouse-Le Mirail, 1980, págs. 99-125 (y cfr. 127-129).

[81] Puede leerse en Biblioteca de Autores Españoles, XLIX, págs. 157-171. Para los manuscritos y las ediciones antiguas —en volumen o sueltas—, véase M. G. Profeti, en el volumen *Risa y sociedad...* (citado en la nota anterior), págs. 95-97.

[82] Vid. A. Restori, en *Zeitschrift für Romanische Philologie*, XXIX (1905), pág. 359; C. Pérez Pastor, *Nuevos datos acerca del histrionismo español*, Burdeos, 1914, págs. 210-211; N. D. Shergold, *A History of the Spanish Stage*, Oxford, 1967, pág. 338.

su parodia, «quizá la mejor comedia burlesca o de disparates de nuestro antiguo teatro»[83].

Frente a la mole de referencias chistosas, cobra mayor relieve el único texto poético del Seiscientos en que el Caballero se nos presenta con la dignidad que en Lope, por diferentes que sean los azares que se le atribuyen. Debido a la pluma de un amigo de Lope, ni siquiera podemos, por desgracia, precisar si es anterior o posterior a la tragicomedia. Sólo sabemos que antes de 1639 (año en que van fechadas la aprobación y la censura) quedaban dispuestas para la imprenta las *Obras en verso* de don Francisco de Borja, príncipe de Esquilache (1581-1658), no publicadas hasta nueve años después, en Madrid (y reimpresas en Amberes, 1654); y que entre ellas figura un sencillo romance del Caballero de Olmedo, no desdeñable estéticamente, y muy valioso por su original versión de la leyenda. «La víspera de San Pedro», don Juan, el Caballero de Olmedo, «parte a las fiestas» de Medina. «Hasta las hojas y flores / guardó en prisiones el sueño», mientras don Juan hace camino cantando: «Si por ti pierdo la vida, / ¡oh qué bien, señora, muero!» Llega el alba, y un escudero de su amante —doña Ana, casada— le anuncia una cita para la noche, «como suele»; no hace caso de malos agüeros y triunfa en las fiestas; pero el escudero denuncia tales amores al marido, don Diego, quien se aposta, bien acompañado, en el jardín por donde el Caballero debe entrar en el aposento de doña Ana, y allí encuentran la muerte

---

[83] M. Menéndez Pelayo [1899], pág. 86; véase I. de Luzán, *La poética*, ed. R. P. Sebold, Barcelona, 1977, págs. 328-329 (II, 20), y R. Moune, «*El Caballero de Olmedo* de F. A. de Monteser: comedia burlesca y parodia», en la miscelánea *Risa y sociedad...* (citada en la n. 80), páginas 83-93. R. L. Kennedy, «*Escarramán* and Glimpses of the Spanish Court in 1637-38», *Hispanic Review*, IX (1941), págs. 110-136, ha conjeturado (aunque a mi entender con escasos argumentos) la existencia de un *Caballero de Olmedo* burlesco escrito en 1637 por Jerónimo de Cancer.

el galán («¡oh qué bien riñe don Juan, / oh qué bizarro y qué diestro!») y su criado.

> Desde entonces le cantaron
> las zagalas al pandero,
> los mancebos por las calles,
> las damas al instrumento:
> Esta noche le mataron...[84]

Con el romance del Príncipe de Esquilache (en los nombres y en varios rasgos de los protagonistas) y con las fábulas medinenses ya recogidas por Antonio de Prado (cfr. arriba, pág. 42), mejor que con Lope, se enlaza justamente la versión de la leyenda del Caballero que «algún romántico melenudo y febricitante» escribió para los *Recuerdos de un viaje por España* estampados en 1849[85]. No deja de sorprender que la tragicomedia lopeveguesca —aún representada en la Valencia del siglo XVIII[86]— apenas despertara atención en España durante el fervor del Romanticismo[87] —cuyos héroes preferidos tantos trazos comparten con don Alonso—, ni siquiera después de que Juan Eugenio Hartzenbusch la incorporara a la segunda entrega de *Comedias escogidas* que la Biblioteca de Autores Españoles (XXXIV, 1855) dedicó a Lope de Vega[88].

---

[84] Copia el romance Menéndez Pelayo [1899], págs. 60-62.

[85] Vid. arriba, n. 10, y Menéndez Pelayo [1899], pág. 59.

[86] E. Juliá, «Preferencias teatrales del público valenciano en el siglo XVIII», *Revista de filología española*, XX (1933), págs. 113-159 (123, 132).

[87] No se menciona en E. A. Peers, *Historia del movimiento romántico español*, Madrid, 1973[2]; pero —por no aducir sino un caso célebre— cabría preguntarse si no hay cierta deuda para con Lope en la formulación verbal que *El estudiante de Salamanca* da al sabido motivo del personaje que ve pasar su propio entierro.

[88] No obstante, a Lope sigue de cerca Víctor Balaguer, *Historias y tradiciones*, Madrid, 1896, págs. 26-34. Excelente pieza de crítica romántica es el prólogo de Eugène Baret a su traducción de L. de Vega, *Oeuvres dramatiques*, París, 1869-1870 (1874[2]); cfr. Menéndez

Pero tampoco nos engañemos: el Romanticismo no murió con el Ochocientos, sino que se convirtió en la savia que nutre todo el desarrollo de la literatura hasta nuestros días. Y a un poeta en quien se exacerban las secuelas de la revolución romántica, a Federico García Lorca, debe precisamente *El Caballero de Olmedo* una medida considerable de la estimación que hoy disfruta. Lorca había jugado con el diseño de la copla utilizada por Lope («Que muerto se quedó en la calle...» [1922]), calcado perfiles de don Alonso en la *Burla de don Pedro a caballo* (1927), evocado situaciones de la tragicomedia en *Bodas de sangre* (1933); es bien comprensible, pues, que entre 1933 y 1935 el repertorio de «La barraca» acogiera *El Caballero de Olmedo* (podado de las escenas posteriores al asesinato del protagonista)[89] y que desde entonces, avalada con el prestigio de Federico y —por ahí— con una renovada patente de modernidad, la obra haya vuelto con frecuencia a las tablas[90]. Para las del festival de Angers, en 1957, la puso en limpio francés Albert Camus, como dechado de «inépuisable lumière», «insolite jeunesse»[91]. Y si en 1950 José Hierro le birlaba un verso (1077) a Tello para titular *Con las piedras, con el viento* un hermoso libro de poemas, Juan Ramón Jiménez, en 1954, aún glosaba la glosa del Labrador:

Pelayo [1899], págs. 83-86. Vid. aun S. Gilman, «'The Best Ghost Story in the World'?», *Homenaje a Rodríguez-Moñino*, I (Madrid, 1966), páginas 193-196.

[89] Vid. sólo A. Sánchez Romeralo, *loc. cit.* arriba, n. 32; F. García Lorca, *Poema del cante jondo. Romancero gitano*, ed. A. Josephs-J. Caballero, Madrid, 1977, págs. 291-295 (con otras referencias), y *Obras completas*, Madrid, 1968[14], pág. 1786; E. Jareño [1970]; J. F. Montesinos [1967], págs. XI-XV. Por su parte, Antonio Machado copió la seguidilla «Que de noche...» en sus cuadernos de *Los complementarios* (ed. M. Alvar, Madrid, 1980, pág. 250).

[90] Han tenido particular repercusión los montajes recientes de Ricard Salvat (Teatro Nacional de Barcelona, 1971; adaptación de Eduardo Blanco Amor) y César Oliva (Compañía «Corral de Almagro», 1977; adaptación de Hermógenes Sanz).

[91] Cfr. D. W. McPheeters [1958], E. Jareño [1970].

Ecos le avisaron
  que no saliese
y le aconsejaron
  que no se fuese,
  al caballero,
para que entre las sombras
  no se perdiese
la gala de Medina,
  la flor de Olmedo [92].

---

[92] En *Páginas escojidas: prosa*, Madrid, 1958, pág. 201. Vid., por otro lado, N. Sanz y Ruiz de la Peña, *Rutas en imagen*, Valladolid, 1935, páginas 23, 63; Ramón Gómez de la Serra, «El caballero de Olmedo», *Revista Cubana*, XIV (1940), págs. 38-59; y óigase (en la grabación MEG. 10.004) el cantar «Caballero de Olmedo», por «Bola de Nieve» (Ochaita-Solano). Álvaro Cunqueiro, *Un hombre que se parecía a Orestes* (1969), I, VI, cuenta la singular historia de *El Caballero de Olmedo* escrito por el dramaturgo Filón el Mozo, en Argos; y la lección de nuestra tragicomedia (que no sólo la de Brecht) parece haber sido aprendida en la *Crónica de una muerte anunciada* (1981) de Gabriel García Márquez.

El texto

El Caballero de Olmedo se publicó por primera vez en la *Veintiquatro parte perfeta de las comedias del Fénix de España, Frey Lope Félix de Vega Carpio... sacadas de sus verdaderos originales* (En Zaragoza, por Pedro Vergés, 1641, fols. 43-[62] vo.[1]); en el mismo volumen figuran *Guardar y guardarse, La hermosa fea, El bastardo Mudarra, La ilustre fregona, El nacimiento de Cristo, Los Ramírez de Arellano, Don Gonzalo de Córdoba (La mayor victoria de Alemania* se titula en *La vega del Parnaso), San Nicolás de Tolentino, Los peligros de la ausencia, Servir a buenos y Barlán y Josafá (sic).* Existen también vagas referencias a una impresión suelta que nadie parece haber visto en realidad y que tal vez sea sólo fruto de una confusión[2].

Apresurémonos a decir que el texto de la *Veintiquatro parte* ofrece escasas garantías de fidelidad a «sus verdaderos originales»; hasta llegar a manos de P. Vergés, y una vez salido de las del autor, *El Caballero de Olmedo*

---

[1] En el ejemplar de la Biblioteca Nacional de Madrid (R. 13875), los tres últimos folios de la obra van numerados, respectivamente, 60, 60 y 61, y seguidos del 63; en el ejemplar de Alberto Blecua queda sin numerar el folio correspondiente al 61 de la Biblioteca Nacional. He cotejado en ambos ejemplares las que en seguida señalo como erratas obvias y no he encontrado ninguna discrepancia. ¿Será un error la variante consignada en W. F. King [1972], pág. 88, n.?

[2] Vid. H. A. Rennert-A. Castro [1968], pág. 452. Es fácil que el origen de la confusión sea una de las varias sueltas de *El Caballero de Olmedo* burlesco que circularon sin indicación de autoría (cfr. pág. 79, n. 81).

sin duda hubo de experimentar el «paulatino desgaste que en el curso de los años iban sufriendo los textos de Lope»[3]: variantes léxicas y morfológicas; cambios de partículas o en el orden de palabras; escenas, subescenas o versos suprimidos, añadidos o alterados...

En concreto, junto a erratas obvias (32 *punsar*, 183 *te escuchado*, 210 *hables más*, 354 *contenta*, 357 *acertosa*, 477 *leas*, 568 *ler*, 1121 *pues Inés el cielo*, 1152 *le ves*, 1178 *imigine*, 1232 *elcança*, 1687 + *vivese*, 1778 *chillado*, 1786 *alenrarme*, 1923 *Hécale*, 2314 *inociencia*, 2321 *risco*, 2326 *puedo*, 2396 *espantas*, y alguna otra por el estilo), la tragicomedia trae bastantes lecturas con toda la pinta de ser mendosas y que he corregido en consecuencia (en general, en compañía de otros editores), aunque quizá cabría sanarlas en distinta forma o, en última instancia, dejarlas como están (37 *dél Fabia*, 200 *se han*, 296 *moza*, 834 *entendimientos*, 1080 *contiguo*, 1727 *ringlón*, 1994 *no nos inducas;* y véase la n. a 1340).

En una docena de lugares, el texto se halla manifiesta o muy probablemente corrupto, pero surgen no pocas dudas sobre el modo de restituirlo. Vale la pena echar un vistazo a los pasajes en cuestión.

119 *Unos le prometieron sartas*. Hartzenbusch [1855] remedió la sobra de una sílaba editando *Unos le ofrecieron sartas*, y yo mismo, en 1967, lo hice omitiendo el *le*, al igual que W. F. King [1972]; pero, pues la *Primavera y flor* (cfr. mi nota a 75) escribe *Unos la prometen sartas*, parece mejor aceptar el pronombre y conservar la forma verbal.

161 *y en el rosario y a los ojos*. Menéndez Pelayo corrigió *ya el rosario, que los ojos*.

---

[3] J. F. Montesinos, ed., L. de Vega, *Barlaán y Josafat*, Madrid, 1935, página 170, con otras advertencias útiles sobre la *Veintiquatro parte;* es ilustrador cotejar también el texto de *El bastardo Mudarra* dado ahí con el autógrafo de Lope: vid. la edición de S. G. Morley, Berkeley-Madrid, 1935.

178 *tan en esto amor me inclina.* Pese a parecer *lectio difficilior* y ser posible la construcción *inclinar en* (por lo cual mantuve el texto en 1967), me resuelvo ahora, con Hartzenbusch [1855], a dar *tan honesto amor*, pues en el verso 842 *(¿quién culpa amor tan honesto?)* Fabia se hace eco de las palabras de don Alonso.

750 *de ha dormido en mi pecho.* Es difícil decidirse entre las enmiendas de Hartzenbusch [1855], *de haber dormido*, y de E. Juliá [1935], *de que ha dormido*.

1251 *Pésame de haberte dado / disgusto.* Juan Manuel Rozas, en *Arbor*, núm. 277, pág. 123, sugiere leer *haberle*, referido a don Pedro. Ello podría casar con lo que la edición príncipe trae en el verso

1254 *que nuestra muerte concierta.*

1259 *una luz donde el alma.* El uso de Lope concuerda mejor con el *por donde* de Hartzenbusch [1855] que con el *adonde* de I. I. Mac Donald [1934], y hay que evitar el durísimo hiato.

1484 *¿De dónde es, galán?* Hartzenbusch [1855] suple las sílabas que faltan al verso (encabezado por la indicación —al parecer inútil— de que quien habla es don PED[RO]), imprimiendo *vuelvo, / las dos. ¿De dónde...?* E. Juliá [1935] propone *señor galán.*

2021 *que los nuestros van furiosos.* Si don Alonso ofrece un caballo a don Rodrigo es porque *(que)* los de éste van desbocados por la plaza; habrá que leer, entonces, *vuestros*, aunque el verso 2030 suscita alguna vacilación.

2051 *que como ingrato y necio adoro.* La corrección de Hartzenbusch [1855] es excelente: *que, aunque ingrato, necio adoro;* pero E. Juliá [1935] parece más próximo a la forma que el impresor pudo tener ante los ojos: *que como gran necio;* y yo procuro aprovechar todavía más elementos del texto: *que como un gran necio.*

2344 *Lo que jamás he temido.* Seguramente hace bien Hartzenbusch [1855] en editar *tenido;* pero el pleonástico 'temer un recelo o miedo' cuenta con muchos análogos en la lengua de la época.

Erratas o irregularidades se aprecian asimismo en la distribución del diálogo (663 ROD[RIGO], 1532 M[¿ADRE?],

2623 CON[DESTABLE], 2624 GEN[TE] que en el original figuraría en la acotación), y, por ahí, en un par de casos, cabe pensar en correcciones al respecto: así, el verso 1304 podría ponerse en boca de Inés, como el *¿Qué es esto?* de 1515. La altura a que se sitúan las acotaciones con frecuencia está condicionada por necesidades tipográficas, de suerte que no puede prestársele sino un crédito muy relativo (cfr. un puntual registro de anomalías en W. F. King [1972]).

En fin, la edición príncipe contiene lagunas hechas evidentes por la contravención a las normas estróficas: en el pasaje de que formaban parte los perdidos versos 1018-1019 podría haber alguna explicación para el *esta tarde* (1016) y el *ayer* (1174) con que Inés nos intriga en el estado actual del texto (cfr. King [1972], xiii-xiv, y vv. 771, 1275), y también alguna referencia al avance de los tratos de don Rodrigo con don Pedro (compárese sólo el verso 2307); el verso 2712 debió desaparecer al par que otros elementos del desenlace, quizá significativos para situar la tragicomedia en el desarrollo de la leyenda del Caballero (cfr. arriba, pág. 65, n. 56). Es de presumir que no serían esas las únicas lagunas. Pero, con la excepción de un par de romances (cfr. notas a 75 y 1610), la *Veintiquatro parte* es la sola fuente de *El Caballero de Olmedo* y con ella hemos de contentarnos por el momento[4].

---

4 Cuando el presente volumen estaba ya casi completamente impreso, llega a mis manos la edición del *Caballero* (Madrid, 1981) preparada por M. G. Profeti, quien, por cuanto he podido ver rápidamente, señala para los versos 112, 1226, 2624 (acotación) y 2706 variantes que no se dan en ninguno de los dos ejemplares que yo he utilizado (cfr. pág. 84, nota 1) y que en varios casos parecen consecuencia de haberse empleado una deficiente reproducción fotográfica.

Sinopsis de la versificación *

1-30	décimas	30
31-74	redondillas	44
75-182	romance *ía*	108
183-406	redondillas	224
407-460	romance *aa*	54
461-490	décimas	30
491-502	redondillas	12
503-516	soneto	14
517-532	redondillas	16
533-570	romance *ae*	38
	prosa: 570 +	
571-622	redondillas	52
623-706	romance *aa*	84
707-786	redondillas	80
787-887	romance *eo*	109
	(con media seguidilla	
	por remate)	

---

* Para interpretar los datos de esta tabla, cfr. S. G. Morley y C. Bruerton, *Cronología de las comedias de Lope de Vega*, Madrid, 1968, y D. Marín, *Uso y función de la versificación dramática en Lope de Vega*, Valencia, 1962.

Acto segundo

888-1035	redondillas	148
1036-1095	décimas	60
1096-1103	redondillas	8
1104-1108	quintilla	5
1109-1112	redondilla	4
1113-1162	quintillas (en copla real)	50
1163-1250	redondillas	88
1251-1332	romance *ea*	82
1333-1393	tercetos	61
1394-1465	redondillas	72
1066-1553	romance *eo*	88
1554-1609	redondillas	56
1610-1659	romancillo *ia* (con un endecasílabo por remate)	50
1660-1727	redondillas prosa: 1671 +, 1687 +, 1707 +, 1727 +	68
1728-1813	romance *aa*	86

Acto tercero

1814-2013	redondillas	200
2014-2077	romance *oo*	64
2078-2177	redondillas	100
2178-2227	quintillas (en copla real)	50
2228-2251	redondillas	24
2252-2303	romance *ie*	52
2304-2343	octavas reales	40
2344-2373	décimas	30
2374-2377	seguidilla	4
2378-2385	redondillas	8
2386-2392	seguidilla compuesta	7
2393-2416	redondillas	24
2417-2508	romance *eo*	92

| 2509-2588 | redondillas | 80 |
| 2589-2732 | romance *eo* | 144 |

RESUMEN GENERAL

Estrofas	Total	Tanto por ciento
Redondillas...............	1308	47,9
Romance.................	993	36,3
Décimas.................	150	5,5
Quintillas................	100	3,6
Tercetos.................	61	2,2
Romancillo..............	50	1,8
Octavas.................	40	1,4
Soneto..................	14	0,5
Seguidillas...............	11	0,4
Quintilla hexasílaba........	5	0,1

Esta edición

En el presente volumen he rehecho por completo la edición de *El Caballero de Olmedo* publicada en 1967* como número 83 de la Biblioteca Anaya y reimpresa en 1970 con algunas enmiendas y adiciones. El prólogo consta ahora de dos secciones principales (cuya lectura puede perfectamente ahorrarse el estudiante de bachillerato, a quien no deben interesar sino el texto mismo de Lope y las explicaciones del profesor). En primer lugar, he incluido unas páginas que intentan deslindar el núcleo literario de la tragicomedia; como mis ideas al respecto apenas han variado, esas páginas son una refundición de un ensayo (de 1961) aparecido en los *Papeles de Son Armadans* (F. Rico [1967]). A continuación, he examinado las coordenadas de la leyenda del Caballero de Olmedo y la situación que en ellas le corresponde a Lope; aquí, sí creo aportar ahora ciertas nove-

---

* Así en el *copyright;* el depósito legal es de 1968. Tras revisar yo las compaginadas, resultó que el libro quedaba demasiado grueso (234 páginas), de modo que volvió a componerse para dejarlo en 182 páginas, cuyas pruebas nunca llegué a ver: de ahí salieron bastantes erratas, buena parte de las cuales pude al fin corregir en la reimpresión de 1970. Para esta edición he vuelto a cotejar enteramente la *princeps*, con la gentil ayuda de Modesta Lozano y Milagros Villar. Quiero mencionar y agradecer las reseñas de que tengo noticia: A. Amorós, *Revista de Occidente*, núm. 72 (marzo 1969), págs. 384-385; C. A. Jones, *Hispanic Review*, XXXIX (1971), págs. 328-329; J. Marco, *Destino*, número 1620 (19 octubre 1968), pág. 57; J. M. Rozas, *Arbor*, núm. 277, páginas 122-124; A. S. Trueblood, *Modern Language Notes*, LXXXV (1970), págs. 308-312. Cfr. B. W. Wardropper [1972] y J. Sage [1974].

dades substanciales: conviene advertir, pues, que el capítulo que dedico al tema es en parte compendio y en parte complemento de un artículo mío partido en dos entregas de la *Nueva revista de filología hispánica* (F. Rico [1975-1980]), ambas en homenaje a Raimundo Lida.

En la edición propiamente dicha, he procurado extremar el respeto a la *princeps* (en el ejemplar R. 13875 de la Biblioteca Nacional de Madrid; véase, sin embargo, arriba, pág. 84, n. 1). Aparte ajustar a la ortografía moderna el sistema fonológico de tiempos de Lope *(ss/s > s; x/j > j* o *g*, etc.), apenas me he permitido sino cortar o dar entero —según cupiera— el nombre de los interlocutores (normalmente, abreviado en las indicaciones de diálogo del original); y, contra el uso corriente, no he introducido ningún género de acotaciones ajenas a la edición antigua: el contexto las hace innecesarias y no hay por qué suplir al director de escena ni evitar al lector el gustoso ejercicio de ver cómo crea Lope, con la palabra, lugares, tiempos y circunstancias (cfr. también M. R. Lida de Malkiel [1962], págs. 81 y ss.). Puede tener algún valor didáctico, para el universitario, haber reunido en una nota textual (págs. 85-87) todas las lecciones erradas o dudosas de la tragicomedia.

En cuanto a la anotación, he buscado la máxima sencillez y brevedad, procurando, por regla, aclarar el sentido literal. y no meterme en dibujos que no sirven más que para distraer al estudiante. *El Caballero de Olmedo* está esperando una edición para eruditos, exhaustivamente comentada. Para una colección como la presente, en cambio, no pienso que sea oportuna otra cosa que 'traducirle' al lector los pasajes más alejados de las referencias culturales y la sensibilidad lingüística predominantes. Claro está que esa sensibilidad lingüística, por caso, cada día es más movediza**. Un insigne estudioso me confesaba andar perplejo ante el verso 247,

***

** He insistido en ello —todavía demasiado deprisa— en mi segunda edición de *El desdén, con el desdén*, Madrid, 1978, págs. 252-253.

y me he decidido a poner una nota *ad hoc;* otro no menos ilustre escribía que quizá valiera la pena explicar «to the student» la frase «Si *va a* deciros verdades» (295): pero el giro se me antoja tan familiar, que no me resuelvo a hacerlo.

En dudas como esas, no siempre he sabido a qué carta quedarme. Pero en todo momento me he esforzado por no caer en una anotación híbrida (como la que hace años cometí contra el *Lazarillo de Tormes),* obvia o insuficiente para el experto *** y farragosa para los hombres de buena voluntad. Cuenta Tello de don Alonso: «Yo le vi decir amores / a los rábanos de Olmedo» (1074-1075). He puesto en nota: «Era proverbial la buena calidad de los rábanos de Olmedo.» Podía haber añadido: «desde la Edad Media. Cfr. *Cancionero de Baena,* núm. 390; *Las memorias de G. Fernández de Oviedo,* núm. 115; *Cancionero manuscrito, mutilado (siglos XV-XVI), de A. Rodríguez-Moñino,* núm. 33; *Loa curiosa y de artificio;* L. Quiñones de Benavente, *El mago;* L. Martínez Kleiser, *Refranero general,* números 26831, 53719». Todo ello (y más) con citas de los textos y con datos bibliográficos. Pero eso me parecía tomar el material por las hojas.

*** Ni que decir tiene que los tres tomos de Carlos Fernández Gómez, *Vocabulario completo de Lope de Vega,* Madrid, 1971, hacen que ahora sea coser y cantar aducir lugares paralelos a los del *Caballero* o localizar los que ocasionalmente recojo; también por eso, y de nuevo para allanar la lectura, he reducido al mínimo (acto o versos) la identificación de los textos de Lope que a veces saco a colación en las notas. El profesor podrá evacuar fácilmente para el alumno la procedencia de las citas de estudiosos modernos que incluyo sin más indicación que el nombre del autor citado (cfr. A. S. Trueblood [1970], pág. 311).

Bibliografía

Un buen panorama crítico y una adecuada selección de los estudios sobre Lope de Vega y el teatro de su tiempo se hallarán en los capítulos 1-3 (por J. M. Rozas y P. Jauralde) de *Historia y crítica de la literatura española*, ed. F. Rico, vol. III: *Siglos de Oro: Barroco*, ed. B. W. Wardropper *et al.*, Barcelona, 1983. Para otras referencias, recúrrase en primer término a J. Simón Díaz, *Manual de bibliografía de la literatura española*, Madrid, 1980³, cuyos datos (hasta 1976-1977) pueden actualizarse con la información anual del *Bulletin of the Comediantes*.

Contando con la existencia de tales fuentes de consulta, la bibliografía aneja se limita a recoger las principales ediciones de *El Caballero de Olmedo*, así como las monografías que se le han dedicado (cfr. pág. 16, n. 9) y unos cuantos trabajos de distinto tema pero con observaciones de particular relevancia sobre nuestra tragicomedia*. En las notas a la introducción se mencionan otros estudios de interés complementario.

ANDERSON IMBERT, Enrique, «Lope dramatiza un cantar», *Asomante*, VII (1952), págs. 17-22; reimpreso en *Crítica interna*, Madrid, 1960, págs. 11-18.
BARÓN PALMA, Emilio, «La estructura y otros problemas técnicos de *El C. de O.*», *Nueva revista del Pacífico*, X-XI (1978), págs. 1-20.
BASTIANUTTI, D. L., «*El C. de O.*: 'solo un ejercicio triste del alma'», *Hispanófila*, núm. especial 2 (1975), págs. 25-37.

---

* Un par o tres de fichas, sin embargo, hubieran debido ir en las notas a la introducción y han pasado aquí sólo por conveniencias tipográficas de la tercera o posteriores ediciones.

BATAILLON, Marcel, «*La Célestine*» *selon Fernando de Rojas*, París, 1961, págs. 237-250.

BLECUA, José Manuel, ed., L. de V., *El Caballero de Olmedo*, Zaragoza, 1941, y reimpresiones.

— «Nota al *C. de O.*», *Nueva revista de filología hispánica*, VIII (1954), pág. 190; reimpreso en *Sobre poesía de la Edad de Oro*, Madrid, 1970, págs. 231-232.

BRADBURY, Gail, «Tragedy and Tragicomedy in the Theatre of Lope de Vega», *Bulletin of Hispanic Studies*, LVIII (1981), páginas 103-111.

BRANCAFORTE, Benito, «La tragedia de *El C. de O.*», *Cuadernos hispanoamericanos*, núm. 286 (abril de 1974).

BROWNSTEIN, Leonard A., «Comedy in *El C. de O.*», en Alva V. Ebersole, ed., *Perspectivas de la comedia*, II, Valencia-Chapel Hill, 1979, págs. 27-37.

CASA, Frank P., «The Dramatic Unity of *El C. de O.*», *Neophilologus*, L (1966), págs. 234-243.

CASALDUERO, Joaquín, «Sentido y forma de *El C. de O.*», *Nueva revista de filología hispánica*, XXIV (1975), páginas 318-328.

CASTRO, Américo, ed., *Teatro de L. de Vega*, Madrid, 1932 (con fragmentos de *El C. de O.*).

— «*El C. de O.*», en *Essays on Hispanic Literature in Honor of Edmund L. King*, Londres, 1983, págs. 31-44. [Cfr. arriba, página 28, n. 34.]

DARST, David H., «Lope's Strategy for Tragedy in *El C. de O.*», *Crítica Hispánica*, VI (1984), págs. 11-17.

DÍAZ DE REVENGA, Francisco Javier, *Teatro de Lope de Vega y lírica tradicional*, Murcia, 1983.

EVANS, Peter W., «Alonso's Cowardice: Ambiguities of Perspective in *El C. de O.*», *Modern Language Review*, LXXVIII (1983), págs. 68-78.

FITA, Fidel, «El Caballero de Olmedo y la Orden de Santiago», *Boletín de la Real Academia de la Historia*, XLVI (1905), págs. 398-422.

FOTHERGILL-PAYNE, Louise, «*El C. de O.* y la razón de la diferencia», *Bulletin of the Comediantes*, XXXVI (1984), páginas 111-124.

FRENK, Margit, «El 'canto del caballero' y el Caballero de Olmedo», *Nueva revista de filología hispánica*, XXII (1973), páginas 101-104.

GATTI, José Francisco, ed., *El teatro de Lope de Vega*, Buenos Aires, 1962.

GERLI, Michael E., «*El C. de O.* and 'En París está doña Alda'», en Alva V. Ebersole, ed., *Perspectivas de la comedia*, [I], Chapel Hill, 1978, págs. 89-97.

GÉRARD, A. S., «Baroque Unity and the Dualities of *El C. de O.*», *The Romanic Review*, LVI (1965), págs. 92-106.

GIACOMAN, Helmy F., «Eros y Thanatos: una interpretación de *El C. de O.*», *Hispanófila*, núm. 28 (1966), págs. 9-16.

GRECO, Gilberto, «Il linguaggio artistico spaziale in *El C. de O.* di Lope de Vega», *Studi Ispanici* (Pisa, 1981), págs. 47-80.

HARTZENBUSCH, Juan Eugenio, ed., L. de V., *El Caballero de Olmedo*, en *Comedias escogidas de L. de Vega*, vol. XXXIV de la Biblioteca de Autores Españoles, Madrid, 1855 (y reimpresiones), págs. 367-384.

HESSE, Everet W., «The Rôle of the Mind in Lope's *El C. de O.*», *Symposium*, XIX (1965), págs. 58-66; versión española en *Análisis e interpretación de la comedia*, Madrid, 1970[3], páginas 21-30.

HORST, Robert ter, «From Comedy to Tragedy: Calderón and the New Tragedy», *Modern Language Notes*, XCII (1977), páginas 181-201.

JAREÑO, Ernesto, «*El C. de O.*, García Lorca y Albert Camus», *Papeles de Son Armadans*, XV, lviii, núm. 174 (septiembre de 1970), págs. 219-242.

JONES, Sonia, «The Tragedy of Passion: Lope's *El C. de O.*», *Reflexión*, III-IV (1974-75), págs. 138-145.

JULIÁ MARTÍNEZ, Eduardo, ed., L. de V., *El Caballero de Olmedo*, en L. de Vega, *Obras dramáticas escogidas*, III (Madrid, 1935), págs. 249-352.

— ed. [Autores anónimos], *Comedia de El Caballero de Olmedo*, Madrid, 1944.

KING, Lloyd, «The Darkest Justice of Death in Lope's *El C. de O.*», *Forum for Modern Language Studies*, V (1969), páginas 388-394.

KING, Willard F., «*El C. de O.*: Poetic Justice or Destiny», *Homenaje a William L. Fichter*, Madrid, 1971, págs. 367-379.

— ed., L. de V., *The Knight of Olmedo*, Lincoln, 1972.

— «Dos citas bíblicas en Lope de Vega y su significado», *Poemas y ensayos para un homenaje*, Madrid, 1976, páginas 88-94.

97

Lida de Malkiel, María Rosa, *La originalidad artística de «La Celestina»*, Buenos Aires, 1962.

Livingstone, Leon, «Transposiciones literarias y temporales en *El C. de O.*», *Homenaje a W. L. Fichter*, Madrid, 1971, páginas 439-445.

Mancini, Guido, ed., L. de V., *El Caballero de Olmedo*, Madrid, 1969.

Marín, Diego, «La ambigüedad dramática en *El C. de O.*», *Hispanófila*, núm. 24 (1965), págs. 1-11.

Martínez López, Enrique, «La cuartana de amor del caballero de Olmedo», en *Estudios... dedicados al prof. Emilio Orozco Díaz*, II (Granada, 1979), págs. 383-404.

McCrary, William C., *The Goldfinch and the Hawk. A Study of Lope de Vega's Tragedy «El Caballero de Olmedo»*, Chapel Hill, 1966.

McDonald, Inez I., ed., L. de V., *El Caballero de Olmedo*, Cambridge, 1934, y reimpresiones.

— «Why Lope?», *Bulletin of Spanish Studies*, XII (1935), páginas 185-197.

McGaha, Michael, «The Structure of *El C. de O.*», *Hispania*, LXI (1978), págs. 451-458.

McPheeters, D. W., «Camus' Translations of Plays by Lope and Calderón», *Symposium*, XII (1958), págs. 52-64.

Menéndez Pelayo, Marcelino, ed., L. de V., *El Caballero de Olmedo*, en *Obras de Lope de Vega*, X (Madrid, 1899), páginas 151-185; las «Observaciones preliminares» se han reproducido en M. Menéndez Pelayo, *Estudios sobre el teatro de Lope de Vega*, V (Santander, 1949), págs. 55-87, y a esta edición remiten las citas hechas en el presente volumen.

Menéndez Pidal, Ramón, «Lope de Vega. El arte nuevo y la nueva biografía» (1935), ahora en su libro *De Cervantes y Lope de Vega*, Madrid, 1958[5].

Montesinos, José F., *Estudios sobre Lope de Vega*, Salamanca, 1967[2].

Moore, Jerome A., *The «Romancero» in the Chronicle-Legend Plays of L. de Vega*, Philadelphia, 1940.

Morby, Edwin S., «Some Observations on *tragedia* and *tragicomedia* in Lope», *Hispanic Review*, XI (1943), páginas 185-209.

— ed., L. de V., *La Dorotea*, Madrid, 1968[2].

Morreale, Margherita, «Apostillas a una reciente reedición

de *El C. de O.* de Lope de Vega», *Rassegna Iberistica*, núm. 18 (1983), págs. 3-14.

NIEVA, Francisco, «El amor en el teatro», en *ABC*, 27 de abril de 1985, pág. 3.

O'CONNOR, T. A., «The Knight of Olmedo and Oedipus», *Hispanic Review*, LXVIII (1980), págs. 391-413.

PÉREZ, Joseph, «La mort du Chevalier d'Olmedo», *Mélanges offerts à Jean Sarrailh*, II (París, 1966), págs. 243-251.

— ed., L. de V., *El Caballero de Olmedo*, Madrid, 1970.

POWERS, Harriet B., «Unity in *El C. de O.*», *Bulletin of the Comediantes*, XXVII (1974), págs. 52-59.

PRIETO, Antonio, ed., L. de V., *El Caballero de Olmedo*, Barcelona, 1982.

PROFETI, Maria Grazia, ed., L. de V., *El Caballero de Olmedo*, Madrid, 1981. [Cfr. arriba, pág. 87, n. 4.]

PRING-MILL, Robert D. F., «Introduction» a Jill Booty, trad., L. de Vega, *Five Plays*, Nueva York, 1961, págs. xxviii-xxxi.

RENNERT, Hugo A., y CASTRO, Américo, *Vida de Lope de Vega*, puesta al día por Fernando Lázaro Carreter, Salamanca, 1968.

RICO, Francisco, «*El C. de O.*: amor, muerte, ironía», *Papeles de Son Armadans*, núm. 139 (octubre de 1967), págs. 38-56; reimpreso con una nota *ad hoc* en *II Jornadas de Teatro Clásico Español, Almagro, 1979* [Madrid], 1980, páginas 169-185; refundido en la introducción al presente volumen.

— «Hacia *El C. de O.*», *Nueva revista de filología hispánica*, XXIV (1975), págs. 329-338, y XXIX (1980), páginas 271-292.

ROZAS, Juan Manuel, *Significado y doctrina del «Arte nuevo» de Lope de Vega*, Madrid, 1976.

RUANO DE LA MAZA, «Texto y contexto de *El C. de O.* de Lope», *Criticón*, núm. 27 (1984), págs. 37-53.

SAGE, Jack W., *Lope de Vega: El Caballero de Olmedo*, Londres, 1974.

SARRAILH, Jean, ed., L. de V., *El Caballero de Olmedo*, París, 1935.

— «L'histoire dans le *C. de O.* de L. de V.», *Bulletin Hispanique*, XXXVII (1935), págs. 337-352.

SCHAFER, Alice E., «Fate versus Responsibility in Lope's *El C. de O.*», *Revista canadiense de estudios hispánicos*, III (1972), págs. 26-39.

SHERGOLD, N. D., «L. de V. and the Other *C. de O.*», *Studies in Spanish Literature of the Golden Age presented to E. M. Wilson*, ed. R. O. Jones, Londres, 1973, págs. 267-281.

SOCRATE, Mario, «*El C. de O.* nella seconda epoca di Lope», *Studi di letteratura spagnola*, II (1965), págs. 95-173.

SOONS, Alan, «Towards an Interpretation of *El C. de O.*», *Romanische Forsçhungen*, LXXIII (1961), págs. 160-168; versión española en *Ficción y comedia en el Siglo de Oro*, Madrid, 1967.

— «The Reappearance of a Pagan Conception of Fate in *El C. de O.*», *Romanistisches Jahrbuch*, XIX (1968), páginas 252-256.

TRUEBLOOD, Alan S. [reseña], *Modern Language Notes*, LXXV (1970), págs. 308-312.

TURNER, Alison, «The Dramatic Function of Imagery and Symbolism in *Peribáñez* and *El C. de O.*», *Symposium*, XX (1966), págs. 174-185.

ULLMAN, Pierre L., «Apostilla al tema de la alcahueta en *El C. de O.*», *Nueva revista de filología hispánica*, XXXI (1982), págs. 292-295.

WARDROPPER, Bruce W., ed., *Teatro español del Siglo de Oro*, Nueva York, 1970.

— «The Criticism of the Spanish Comedia: *El C. de O.* as Object Lesson», *Philological Quarterly*, LI (1972), páginas 177-196.

WILSON, Edward M., «The Exemplary Nature of *El C. de O.*», *Spanish and English Literature of the 16th and 17th Centuries*, Cambridge, 1980, págs. 184-200.

YATES, Donald A., «The Poetry of the Fantastic in *El C. de O.*», *Hispania*, XLIII (1960), págs. 503-507.

ZAMORA VICENTE, Alonso, *Lope de Vega*, Madrid, 1961.

NOTA A LA SEXTA EDICIÓN

En las reimpresiones de la edición de 1981 no tuve oportunidad sino de salvar unas cuantas erratas y revisar alguna otra menudencia, en particular atendiendo a las observaciones de Willard F. King (ahora en *Hispanic Review*, LI [1983], págs. 325-327), Margherita Morreale (vid. la Bibliografía, *s. v.* [1983]), Bruce W. Wardropper (*ídem*, [1970]) y Domingo Ynduráin. Para la presente edición, he releído la obra por entero, introduciendo buen número de retoques en la puntuación y un par o tres enmiendas en el texto. He insertado también sobre medio centenar de notas redactadas con el mismo criterio de sencillez y brevedad que inspiran las demás: aunque en unos pocos casos aporten alguna novedad de interpretación (por ejemplo, en 874, 1486 ó 2683), en general sólo buscan salir al paso de dificultades provocadas menos por obscuridad de Lope que por la creciente depauperación de la lengua y la cultura que maneja la mayoría de los estudiantes a quienes se destina este volumen. En fin, he actualizado la bibliografía y, por el momento, en el prólogo he hecho únicamente un par de correcciones mínimas, en espera de añadir en mejor ocasión varias noticias nuevas sobre la leyenda del Caballero y sendos párrafos que se hagan cargo de determinados aspectos de la tragicomedia que ahora realzaría con más decisión que años atrás.

S. C. del V., 8 de diciembre de 1985

El Caballero de Olmedo

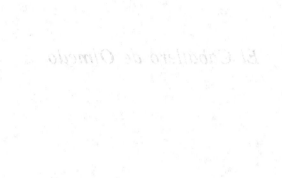

El Caballero de Olmedo

Tragicomedia

ACTO PRIMERO

PERSONAS DEL ACTO PRIMERO

DON ALONSO   DOÑA LEONOR
DON RODRIGO   TELLO
DON FERNANDO   ANA
DON PEDRO   FABIA
DOÑA INÉS

Sale DON ALONSO.

ALONSO   Amor, no te llame amor
el que no te corresponde,
pues que no hay materia adonde
imprima forma el favor.
Naturaleza, en rigor,   5
conservó tantas edades

---

⁴ Del mismo modo que la materia «appetit formas rerum, ut femina virum», y sólo existe si actualizada por la forma (según la clásica teoría hilemórfica), el amor sólo es tal si correspondido por el favor. Cfr. arriba, página 20, n. 18.
⁵ *en rigor* 'estricta, realmente' es giro procedente del latín escolástico (como observaba ya Luis Vives, *Adversus pseudodialecticos*, 1520) y de tal origen retiene una cierta resonancia filosófica muy apropiada al contexto.

correspondiendo amistades;
que no hay animal perfeto
si no asiste a su conceto
la unión de dos voluntades.   10

De los espíritus vivos
de unos ojos procedió
este amor, que me encendió
con fuegos tan excesivos.

No me miraron altivos,   15
antes, con dulce mudanza,
me dieron tal confianza;
que, con poca diferencia,
pensando correspondencia,
engendra amor esperanza.   20

---

[7] Tras Platón y el pseudo Dionisio, una nutrida tradición medieval y renacentista ve el amor como *vinculum mundi*, principio cosmológico de la unidad y la pervivencia de todas las cosas (cfr. abajo, 481-482). La afirmación de Lope no hace sino aplicar tal doctrina a un caso particular. Cfr. *Fuenteovejuna*, 369-370: «Sin amor, no se pudiera / ni aun el mundo conservar»; y arriba, pág. 21.

[9] *conceto*: concepción. «¡Oh, bravo conceto! / ¿Conceto? No dije bien. / Concepto con *p* es mejor» (Lope, *El caballero del milagro*, III). «Todo el periodo áureo es época de lucha entre el respeto a la forma latina de los cultismos [*perfecto, concepto, digno, solemne, excelente*] y la propensión a adaptarlos a los hábitos de la pronunciación romance [*perfeto, conceto, dino, solene, ecelente*]» (R. Lapesa).

[11] Por *espíritus* se entendía una realidad fisiológica a medio camino entre ser alma y ser cuerpo, y cuya función consistía en comunicar una y otro. El amor se explicaba como un intercambio de *espíritus* entre los enamorados. La formulación de Marsilio Ficino dio un extraordinario relieve intelectual a esa doctrina, particularmente recordada en la poesía del Renacimiento español gracias al soneto VIII de Garcilaso: «De aquella vista pura y excelente / salen espirtus vivos y encendidos / y, siendo por mis ojos recebidos, / me pasan hasta donde el mal se siente». Véase, arriba, pág. 22.

[17] «Sé que esas niñas [de los ojos] lo son / de manera en la mudanza / que dan menos esperanza / después de la posesión» *(El anzuelo de Fenisa,* III).

[18] *con poca diferencia*: si no refiere a la *mudanza* de los ojos, don Alonso debe querer decir que la dama no es desproporcionadamente superior a él en cualidades.

[19] *pensando correspondencia*: es decir, 'pensando que vamos a ser correspondidos en nuestro amor'. No creo que los versos 18 y 19 deban

        Ojos, si ha quedado en vos
    de la vista el mismo efeto,
    amor vivirá perfeto,
    pues fue engendrado de dos;
    pero si tú, ciego dios,   25
    diversas flechas tomaste,
    no te alabes que alcanzaste
    la vitoria, que perdiste,
    si de mí solo naciste,
    pues imperfeto quedaste.   30

        Salen TELLO, *criado, y* FABIA.

FABIA   ¿A mí, forastero?
TELLO   A ti.
FABIA   Debe de pensar que yo
            soy perro de muestra.
TELLO   No.
FABIA   ¿Tiene algún achaque?
TELLO   Sí.
FABIA   ¿Qué enfermedad tiene?
TELLO   Amor.   35
FABIA   Amor ¿de quién?
TELLO   Allí está:
            él, Fabia, te informará
            de lo que quiere mejor.
FABIA   Dios guarde tal gentileza.
ALONSO   Tello, ¿es la madre?
TELLO   La propria.   40

asociarse más estrechamente y haya de entenderse, como quiere M. Morreale, que «al pretendiente le basta que la *correspondencia* sea, como
diríamos hoy, aproximada» (?).

26 El Amor tiene *diversas flechas:* de oro, con que hiere de amor,
y de plomo, con que hiere de odio. Cfr. *La fe rompida*, I: «Flechas de
Amor, de plomo y de oro puro», etc.

33 *perro de muestra:* el que se para al descubrir la pieza.

40 *madre:* «los ancianos somos llamados padres», aclaraba Celestina (I); *propria:* «Hoy se emplea el cultismo *próprio* en portugués y el
semicultismo *propio* en español; pero esta lengua largo tiempo favorecía
proprio y sus derivados, mientras aquélla toleraba *própio* y *apropiar*» (Y.
Malkiel). La vacilación se revela aquí en la grafía culta frente a la pronunciación disimilada que denuncia la rima.

ALONSO   ¡Oh Fabia! ¡Oh retrato, oh copia
           de cuanto naturaleza
               puso en ingenio mortal!
           ¡Oh peregrino dotor
           y para enfermos de amor   45
           Hipócrates celestial!
               Dame a besar esa mano,
           honor de las tocas, gloria
           del monjil.

FABIA   La nueva historia
           de tu amor cubriera en vano   50
               vergüenza o respeto mío,
           que ya en tus caricias veo
           tu enfermedad.

ALONSO   Un deseo
           es dueño de mi albedrío.

FABIA   El pulso de los amantes   55
           es el rostro. Aojado estás.
           ¿Qué has visto?

ALONSO   Un ángel.

FABIA   ¿Qué más?

ALONSO   Dos imposibles, bastantes,
               Fabia, a quitarme el sentido:
           que es dejarla de querer   60
           y que ella me quiera.

FABIA   Ayer
           te vi en la feria perdido
               tras una cierta doncella,

---

⁴⁹ *monjil:* traje de lana negra, alto y cerrado, rematado con tocas, propio de *dueñas* (cfr. 996 n.) y mujeres mayores. Entiéndase la sinécdoque: 'Fabia, honor de las que llevan toca...'

nueva historia se usaría hoy implicando que había habido otra u otras anteriores; Fabia, por el contrario, emplea el adjetivo con su valor absoluto: 'historia que constituye una novedad, que acaba de producirse, sin precedentes'.

⁵² *caricias:* lisonjas, halagos (Covarrubias); la acepción hoy predominante restringe la más amplia primitiva.

⁵⁶ *aojado:* víctima de un mal de ojo (y 'enamorado'; cfr. 11-14, y arriba, pág. 23; la grafía de la edición *princeps* es «ahojado»).

<pre>
          que en forma de labradora
          encubría el ser señora,   65
          no el ser tan hermosa y bella;
             que pienso que doña Inés
          es de Medina la flor.
ALONSO   Acertaste con mi amor:
          esa labradora es   70
             fuego que me abrasa y arde.
FABIA   Alto has picado.
ALONSO   Es deseo
          de su honor.
FABIA   Así lo creo.
ALONSO   Escucha, así Dios te guarde.
             Por la tarde salió Inés   75
          a la feria de Medina,
          tan hermosa, que la gente
          pensaba que amanecía.
          Rizado el cabello en lazos;   80
          que quiso encubrir la liga,
          porque mal caerán las almas
          si ven las redes tendidas.
</pre>

<hr />

71 *arder* pudo usarse como transitivo hasta el XVII; para el *Diccionario de Autoridades* (1726) ya era insólito; cfr. *Carlos V en Francia*, 319: «y que por su rigor a Italia ardía».

73 «Que amor que pierde al honor / el respeto, es vil deseo / y, siendo apetito feo, / no puede llamarse amor. / Amor se funda en querer / lo que quiere quien desea, / que amor que casto no sea / ni es amor ni puede ser» *(El mejor alcalde, el Rey*, 895-902).

75 Buena parte de este romance (75-126) figura en la *Primavera y flor de los mejores romances* (Madrid, 1621), en versión para cantar (64 versos con letrilla), probablemente no atribuible a Lope; designo ese texto con la sigla *P*. Aparte cambios de orden, como si se hubiera transmitido oralmente (99-102 = *P* 33-36), supresiones (111-118), y sustitución de tiempos verbales *(salió = sale*, etc.), *P* presenta diversas variantes, no siempre afortunadas (doy sólo algunas); parece indudable que está sacado de nuestra comedia. Véase arriba, pág. 62, n. 48.

80 *P* «Rizado lleva el cabello, / que quiere cubrir la liga». Nótese el uso disémico de *liga*: 'cinta' y 'artificio para cazar pájaros'.

82 «El Amor aprisiona con lazo, nudo, red, etc. [singularmente los del cabello de la dama]. Estas metáforas son el tópico más repetido de la poesía de Petrarca» (Dámaso Alonso). «Se nos viene a las mientes

Los ojos, a lo valiente,
iban perdonando vidas,
aunque dicen los que deja   85
que es dichoso a quien la quita.
Las manos haciendo tretas,
que, como juego de esgrima,
tiene tanta gracia en ellas,
que señala las heridas.   90
Las valonas esquinadas
en manos de nieve viva,
que muñecas de papel
se han de poner en esquinas.
Con la caja de la boca   95

Proverbios, I, 17: 'Frustra autem iacitur rete ante oculos pennatorum'»
(Margherita Morreale).

[86] La dura omisión del antecedente de *quien* tras de preposición no
era raro en lo antiguo, especialmente en verso; cfr. Gracián, *Oráculo
manual*, 192: «todo lo tiene a quien no se le da nada de lo que no le
importa»; y abajo, 328, 1667.

[87] *hacer treta:* 'hacer engaño y befa' (Correas); *treta* es término
técnico de la esgrima: 'traza engañosa del diestro'. Cfr. Quevedo, *Libro
de todas las cosas*, «De la fisonomía»: «Si [una mujer] tiene buenas manos, tanto las esgrime..., que amohinará los difuntos».

[90] *señalar* «vale también hacer el amago y señal de alguna cosa sin
ejecutarla, como las estocadas en la esgrima» *(Autoridades)*. «Porque
es menester particular destreza en el esgrima para señalar la herida
tanto que se eche de ver, sin que se asiente pesada la mano» (J. de Robles, *El culto sevillano*, 1631).

[91] *valona:* cuello de seda, raso u otra tela fina, que caía sobre la espalda y, por delante, era largo hasta la mitad del pecho. Inés iba jugue-
teando con el extremo de las valonas, haciéndole pliegues con las
manos.

[93] «Algunas [muñecas] que dan a los niños... son de papelón ['cartón']
y tienen dentro unas piedrecillas para hacer ruido y divertir al niño»
(Covarrubias). Es obvio el juego de palabras en este verso (las muñecas
son *de papel* por lo blancas), pero no está tan claro el del siguiente:
aunque cabe pensar que las *muñecas* las vendían los buhoneros en las
esquinas, creo más probable que hubiera que poner *en esquinas* las
de Inés, no por ser *muñecas*, sino por ser *de papel;* pues en las esquinas
solían fijarse las *cédulas* de papel con avisos o anuncios. Cfr. abajo,
verso 1368, y *La próspera fortuna de don Bernardo de Cabrera*, III:
«No quedó calle, / poste, *esquina*, puerta o puesto, / en quien *cédulas*
no he puesto / alquilando aqueste talle.»

[95] *caja:* 'tambor' (y, en este plano, la imagen alude a las vistosas le-

allegaba infantería,
porque, sin ser capitán,
hizo gente por la villa.
Los corales y las perlas
dejó Inés, porque sabía   100
que las llevaban mejores
los dientes y las mejillas.
Sobre un manteo francés
una verdemar basquiña,
porque tenga en otra lengua   105
de su secreto la cifra.
No pensaron las chinelas
llevar de cuantos la miran
los ojos en los listones,
las almas en las virillas.   110
No se vio florido almendro
como toda parecía,
que del olor natural
son las mejores pastillas.
Invisible fue con ella   115
el Amor, muerto de risa
de ver, como pescador,
los simples peces que pican.

---

vas o reclutas de soldados) y, complicando el piropo, 'dulce, caja de dulce' o 'joyero' (compárese la frase hecha «tener una cosa como perla en caja», y cfr. verso 99).

96 *P* «toca al arma y solicita».

103 *manteo:* especie de falda interior, de bayeta o paño.

106 *cifra:* clave para interpretar una escritura secreta o *en otra lengua* (105, contraponiendo *francés* y *basquiña* 'falda de mucho vuelo', derivado de *vasca*).

107 *chinelas:* cierto calzado sin tacón.

109 *listón:* cinta de seda (cfr. 641).

110 *virilla:* de *vira,* 'cordón que enlaza las piezas del calzado', «corregüela que se insiere en el zapato, entre la suela y el cordobán» (Covarrubias). Son éstas imágenes corrientes en la época, en particular en Lope. Vid. abajo, 835-837.

114 Había dos tipos de *pastillas:* unas de boca, para perfumar el aliento, y otras (de benjuí, estoraque, etc.) que se quemaban para aromar las habitaciones.

Unos le prometen sartas
y otros arracadas ricas;   120
pero en oídos de áspid
no hay arracadas que sirvan.
Cuál a su garganta hermosa
el collar de perlas finas;
pero, como toda es perla,   125
poco las perlas estima.
Yo, haciendo lengua los ojos,
solamente le ofrecía
a cada cabello un alma,
a cada paso una vida.   130
Mirándome sin hablarme,
parece que me decía:
«No os vais, don Alonso, a Olmedo,
quedaos agora en Medina».
Creí mi esperanza, Fabia...   135
Salió esta mañana a misa,
ya con galas de señora,
no labradora fingida.
Si has oído que el marfil
del unicornio santigua   140
las aguas, así el cristal
de un dedo puso en la pila.
Llegó mi amor basilisco,
y salió del agua misma
templado el veneno ardiente   145

---

119 P «Unos la prometen»; cfr. pág. 85.

120 *arracadas:* pendientes.

121 El *áspid* —se decía— es sordo o se tapa los oídos para no dejarse
encantar.

123 *cuál*, en correlación con *unos..., otros..., yo...,* para introducir
cláusulas distributivas. P «Cuál ofrece a su garganta».

133 *vais:* 'vayáis', forma etimológica del subjuntivo, usual en lo
antiguo (cfr. abajo, prosa, tras v. 570).

134 *agora:* ahora.

141 «Como el unicornio suele, / porque no hubiese ponzoña, / metió
el marfil de la mano / ... en la undosa / fuente» *(La mayor virtud de un
rey,* I). «Es común en la poesía de tradición clásica llamar *cristal* a los
bellos miembros de una mujer» (D. Alonso).

que procedió de su vista.
Miró a su hermana, y entrambas
se encontraron en la risa,
acompañando mi amor
su hermosura y mi porfía.   150
En una capilla entraron;
yo, que siguiéndolas iba,
entré imaginando bodas:
¡tanto quien ama imagina!
Vime sentenciado a muerte,   155
porque el amor me decía:
«Mañana mueres, pues hoy
te meten en la capilla».
En ella estuve turbado:
ya el guante se me caía,   160
ya el rosario, que los ojos
a Inés iban y venían.
No me pagó mal; sospecho,
que bien conoció que había
amor y nobleza en mí;   165
que quien no piensa no mira,
y mirar sin pensar, Fabia,
es de inorantes, y implica
contradición que en un ángel
faltase ciencia divina.   170
Con este engaño, en efeto,
le dije a mi amor que escriba
este papel; que si quieres
ser dichosa y atrevida

---

[146] *basilisco:* sierpe fabulosa, «es su condición / matar mirando» (*La corona merecida*, 325-326).

[154] Cfr. Virgilio, *Égloga VIII*, 108: «qui amant, ipsi sibi somnia fingunt».

[168] «Con algún primor», subrayaba Covarrubias, se usa la *e* «cuando la dicción que se le sigue empieza en *i*»; pero *y* + *i* − era habitual y aún hoy se da en la conversación poco cuidada.

	hasta ponerle en sus manos,	175
	para que mi fe consiga	
	esperanzas de casarme	
	(tan honesto amor me inclina),	
	el premio será un esclavo,	
	con una cadena rica,	180
	encomienda de esas tocas,	
	de malcasadas envidia.	

FABIA   Yo te he escuchado.

ALONSO   Y ¿qué sientes?

FABIA   Que a gran peligro te pones.

TELLO   Escusa, Fabia, razones,   185
        si no es que por dicha intentes,
          como diestro cirujano,
        hacer la herida mortal.

FABIA   Tello, con industria igual
        pondré el papel en su mano,   190
          aunque me cueste la vida,
        sin interés, porque entiendas
        que, donde hay tan altas prendas,
        sola yo fuera atrevida.
          Muestra el papel, que primero   195
        le tengo de aderezar.

---

175 *ponerle:* Lope es decididamente leísta (es decir, usa *le* como complemento directo, de persona o de cosa, y no *lo;* cfr. 196, 289, 371, y *passim*); justamente Madrid y el Siglo de Oro son centro de expansión y época culminante del leísmo.

179 *un esclavo:* el propio don Alonso.

181 *encomienda:* en el sentido abstracto de 'amparo y custodia' y en el visual de 'distintivo equiparable a la cruz bordada o sobrepuesta que llevaban los caballeros de las órdenes militares'. Cfr. 1599 n.

188 Cfr. *La Celestina,* I: «Los cirujanos... dañan en los principios las llagas e encarecen el prometimiento de la salud»; y *Viaje de Turquia,* col. III: «el cirujano, cuando quiere, ahonda la llaga, cuando quiere la ensucia, principalmente si no se iguala o no le pagan».

189 *industria:* maña, destreza. Entiéndase: 'como buen cirujano, en efecto'.

196 *aderezar,* con un hechizo o conjuro, seguramente.

ALONSO	¿Con qué te podré pagar
	la vida, el alma que espero,
	Fabia, de esas santas manos?
TELLO	¿Santas?
ALONSO	¿Pues no, si han de hacer	200
	milagros?
TELLO	De Lucifer.
FABIA	Todos los medios humanos
	tengo de intentar por ti,
	porque el darme esa cadena
	no es cosa que me da pena:	205
	más confiada nací.
TELLO	¿Qué te dice el memorial?
ALONSO	Ven, Fabia, ven, madre honrada,
	porque sepas mi posada.
FABIA	Tello..
TELLO	Fabia...
FABIA	No hables mal,	210
	que tengo cierta morena
	de estremado talle y cara...
TELLO	Contigo me contentara,
	si me dieras la cadena.

Vanse, y salen DOÑA INÉS *y* DOÑA LEONOR.

INÉS	Y todos dicen, Leonor,	215
	que nace de las estrellas.
LEONOR	De manera que, sin ellas,
	¿no hubiera en el mundo amor?

---

205 Se juega con *dar cadena*, 'encadenar a un delincuente', y *dar pena*, 'castigar' y 'preocuparse'.

206 *confiada:* optimista, dada a la esperanza; cfr. 1273.

218 «Dicen muchos, y lo creo, / que los que luego se aman / cuando se ven tienen hecho / infinitos años antes / con las estrellas concierto» (*Quien todo lo quiere*, II). Eran ideas, cierto, compartidas por «muchos», y que Lope desarrolla repetidas veces y otras niega para ponderar un amor (cfr. *Dorotea*, II, 5: «Ni por estrellas la quise, / que fuera del cielo ofensa, / si para amar su hermosura / fueran menester estrellas»). Cfr. 532 n., 1725.

INÉS	Dime tú: si don Rodrigo	
	ha que me sirve dos años,	220
	y su talle y sus engaños	
	son nieve helada conmigo,	
	y en el instante que vi	
	este galán forastero,	
	me dijo el alma: «Éste quiero»,	225
	y yo le dije: «Sea ansí»,	
	¿quién concierta y desconcierta	
	este amor y desamor?	
LEONOR	Tira como ciego Amor:	
	yerra mucho y poco acierta.	230
	Demás que negar no puedo	
	(aunque es de Fernando amigo	
	tu aborrecido Rodrigo,	
	por quien obligada quedo	
	a intercederte por él)	235
	que el forastero es galán.	
INÉS	Sus ojos causa me dan	
	para ponerlos en él,	
	pues pienso que en ellos vi	
	el cuidado que me dio,	240
	para que mirase yo	
	con el que también le di.	
	Pero ya se habrá partido.	
LEONOR	No le miro yo de suerte	
	que pueda vivir sin verte.	245

---

220 *servir:* cortejar (dentro de las convenciones del amor cortés). «Amar es obedecer / y padecer y sufrir; / esto se llama *servir,* / esto amar, esto obligar...» (*La portuguesa,* II).

221 *talle:* presencia física, porte; *engaños:* bien en el sentido de 'halagos', bien con el valor de 'triquiñuelas amorosas'.

226 *ansí:* 'así', por analogía con la -*n* de otros adverbios y preposiciones.

234 *por quien:* por Fernando.

238 *él:* ocasionalmente se aceptaba que una palabra rimara consigo misma cuando se presentaba con distinto régimen («muchos usan *él, dél, a él,* como consonantes diferentes», acota Juan Díaz Rengifo, *Arte poética española,* Madrid, 1606²) o con alguna otra variación sintáctica o semántica; cfr. 1125 y 1127.

116

ANA, *criada.*

ANA   Aquí, señora, ha venido
         la Fabia... o la Fabiana.
INÉS   Pues ¿quién es esa mujer?
ANA   Una que suele vender
         para las mejillas grana   250
         y para la cara nieve.
INÉS   ¿Quieres tú que entre, Leonor?
LEONOR   En casas de tanto honor
         no sé yo cómo se atreve,
         que no tiene buena fama;   255
         mas ¿quién no desea ver?
INÉS   Ana, llama esa mujer.
ANA   Fabia, mi señora os llama.

FABIA, *con una canastilla.*

FABIA   Y ¡cómo si yo sabía
         que me habías de llamar!   260
         ¡Ay! Dios os deje gozar
         tanta gracia y bizarría,
         tanta hermosura y donaire;
         que cada día que os veo
         con tanta gala y aseo   265

---

[247] En las parejas de nombres propios *Julia/Juliana, Emilia/Emiliana, Felicia/Feliciana*, etc., el castellano, hasta hace pocos años, sentía como más normal la forma con sufijo, mientras la otra le sonaba demasiado culta o pretenciosa; de ahí la duda de la criada y la exhortación de Antonio Machado a no confundir a «*Julio* César» con «*Julián* Cerezas».

[256] Probablemente, tras la interrogación retórica de Leonor, hay un recuerdo de un célebre pasaje de Aristóteles, *Metafísica*, 980 a: «Todos los hombres tienen por naturaleza un deseo de saber. Una señal de ello es el gozo que nos proporcionan las percepciones sensoriales... y, sobre todo, muy notablemente, la percepción por los ojos». Cfr. abajo, 888-889.

[257] Es corriente en lo antiguo la omisión de la preposición *a* ante el complemento directo de persona, sobre todo si éste empieza por *a-* o si termina en -*a* la voz anterior.

[262] *bizarría:* galanura, elegancia.

[265] *aseo:* 'buena compostura de unas cosas y otras' (Covarrubias).

y pisar de tan buen aire,
   os echo mil bendiciones;
y me acuerdo como agora
de aquella ilustre señora,
que con tantas perfecciones   270
   fue la fenis de Medina,
fue el ejemplo de lealtad.
¡Qué generosa piedad
de eterna memoria digna!
   ¡Qué de pobres la lloramos!   275
¿A quién no hizo mil bienes?

INÉS   Dinos, madre, a lo que vienes.

FABIA   ¡Qué de huérfanas quedamos
   por su muerte malograda,
la flor de las Catalinas!   280
Hoy la lloran mis vecinas,
no la tienen olvidada.
   Y a mí, ¿qué bien no me hacía?
¡Qué en agraz se la llevó
la muerte! No se logró.   285
Aún cincuenta no tenía.

INÉS   No llores, madre, no llores.

FABIA   No me puedo consolar,
cuando le veo llevar
a la muerte las mejores,   290
   y que yo me quedo acá.

---

266 «La mayor gracia en ellas y en los hombres es andar bien»
(*Dorotea*, II, 1); *de... buen aire:* para Quevedo (1629), una de «las ocho
palabras que nunca se acaban» en labios de la culta latiniparla; para
Mira de Amescua (1636), «es lenguaje de palacio»; galicismo medieval
(< *de bon aire* 'solar, familia'), vino a ser «expresión muy general del
sentimiento estético barroco» (R. Menéndez Pidal).

271 *la fenis:* en sentido meramente ponderativo (cfr. 1065 n.).

272 *lealtad,* bisílabo, por sinéresis (cfr. 1042, 1167, 1212, etc.).

274 *digna:* pronunciado *dina* (cfr. 9 n.).

280 Se decía de alguien que era *una santa Catalina,* «por santa y buena»
(Correas). Aquí, aplicado a la madre de Inés (y, al parecer, no a las
huérfanas).

Vuestro padre, Dios le guarde,
¿está en casa?

LEONOR   Fue esta tarde
al campo.

FABIA   Tarde vendrá.
  Si va a deciros verdades   295
—mozas sois, vieja soy yo...—,
más de una vez me fió
don Pedro sus mocedades;
  pero teniendo respeto
a la que pudre, yo hacía,   300
como quien se lo debía,
mi obligación. En efeto,
  de diez mozas, no le daba
cinco.

INÉS   ¡Qué virtud!

FABIA   No es poco,
que era vuestro padre un loco: 305
cuanto vía, tanto amaba.
  Si sois de su condición,
me admiro de que no estéis
enamoradas. ¿No hacéis,
niñas, alguna oración   310
  para casaros?

INÉS   No, Fabia.
Eso siempre será presto.

FABIA   Padre que se duerme en esto,

---

294 Nótese la ironía, como en el *Lazarillo de Tormes*, III: «a la tarde ellos volvieron; mas fue tarde».

298 Es decir, don Pedro, de mozo, recurrió a los servicios de Fabia como alcahueta.

300 *pudrir*: «vale también estar sepultado y muerto» *(Dicc. de Autoridades)*. Alude a la mujer de don Pedro, viudo como casi todos sus pares en la comedia del Siglo de Oro, en que «la dama, bien provista de padres y hermanos, no suele tener madre» (M. R. Lida de Malkiel).

306 *vía*: 'veía'; el verso evoca la frase proverbial «Amor mazorquero, cuantas veo, tantas quiero» (Correas).

mucho a sí mismo se agravia.

La fruta fresca, hijas mías,   315
es gran cosa, y no aguardar
a que la venga a arrugar
la brevedad de los días.

Cuantas cosas imagino,
dos solas, en mi opinión,   320
son buenas, viejas.

LEONOR   ¿Y son?

FABIA   Hija, el amigo y el vino.

¿Veisme aquí? Pues yo os prometo
que fue tiempo en que tenía
mi hermosura y bizarría   325
más de algún galán sujeto.

¿Quién no alababa mi brío?
¡Dichoso a quien yo miraba!
Pues ¿qué seda no arrastraba?
¡Qué gasto, qué plato el mío!   330

Andaba en palmas, en andas.
Pues, ¡ay Dios!, si yo quería,
¿qué regalos no tenía
desta gente de hopalandas?

Pasó aquella primavera,   335
no entra un hombre por mi casa;

---

314 «Esta noche de San Juan, quejos[a]s / de que su [p]adre ha dado en descuidarse, / hacen una oración para casarse» (L. Quiñones de Benavente, *Los mariones*).

318 Es aplicación del viejo tema del *Carpe diem*, o invitación a gozar el día breve de la juventud, empleado aquí —al igual que en *La Celestina*— con función dramática, en tanto elemento de la acción, no como mero excurso lírico.

319 Entiéndase: 'de cuantas...'

322 Cfr. *Eclesiástico*, IX, 5; «Vinum novum, amicus novus; veterascet, et cum suavitate bibes illud».

323 *prometo*: afirmo, aseguro.

324 *tenía*: si el verbo precede a varios sujetos, es corriente que concuerde sólo con el primero.

334 *hopalanda*: especie de falda o sotanilla propia de los universitarios. «De Salamanca viene graduado... / No me aficiona tanto el licenciado, / que desto de hopalandas soy medrosa» *(La mal casada*, I).

que, como el tiempo se pasa,
pasa la hermosura.

INÉS   Espera,
¿qué es lo que traes aquí?

FABIA   Niñerías que vender   340
para comer, por no hacer
cosas malas.

LEONOR   Hazlo ansí,
madre, y Dios te ayudará.

FABIA   Hija, mi rosario y misa:
esto, cuando estoy de prisa;   345
que si no...

INÉS   Vuélvete aca.
¿Qué es esto?

FABIA   Papeles son
de alcanfor y solimán.
Aquí secretos están
de gran consideración   350
para nuestra enfermedad
ordinaria.

LEONOR   Y esto ¿qué es?

FABIA   No lo mires, aunque estés
con tanta curiosidad.

LEONOR   ¿Qué es, por tu vida?

FABIA   Una moza   355
se quiere, niñas, casar;
mas acertóla a engañar
un hombre de Zaragoza.
Hase encomendado a mí,
soy piadosa... y, en fin, es   360
limosna, porque después
vivan en paz.

---

347 *papeles:* envoltorios.

348 El *alcanfor*, 'especie de goma', se usaba para ungüentos; el *solimán*
era «alma de[l] afeite» *(El amigo hasta la muerte*, II).

352 'Para la regla'.

362 A fin de evitar que el marido descubra las consecuencias de la
relación con el *hombre de Zaragoza*, Fabia se propone aplicar a la
moza un remedio (o remiendo) que la haga pasar por virgen; como

INÉS	¿Qué hay aquí?
FABIA	Polvos de dientes, jabones

de manos, pastillas, cosas
curiosas y provechosas.   365

INÉS ¿Y esto?
FABIA   Algunas oraciones.
¡Qué no me deben a mí
las ánimas!

INÉS   Un papel
hay aquí.

FABIA   Diste con él,
cual si fuera para ti.   370
Suéltale, no le has de ver,
bellaquilla, curiosilla.

INÉS Deja, madre...

FABIA   Hay en la villa
cierto galán bachiller
que quiere bien una dama;   375
prométeme una cadena
porque le dé yo, con pena
de su honor, recato y fama.
Aunque es para casamiento,
no me atrevo. Haz una cosa   380
por mí, doña Inés hermosa,
que es discreto pensamiento:
respóndeme a este papel,
y diré que me le ha dado
su dama.

INÉS   Bien lo has pensado,   385
si pescas, Fabia, con él
la cadena prometida.
Yo quiero hacerte este bien.

FABIA Tantos los cielos te den,

Celestina, pues, Fabia es a la vez «maestra de facer afeites ['cosméticos']
y de facer virgos» (I), según las técnicas puntualmente recordadas en
La tía fingida pseudo-cervantina.

364 *pastillas:* cfr. 114 n.

375 Cfr. 257 n:

	que un siglo alarguen tu vida.	390
	Lee el papel.	
INÉS	Allá dentro,	
	y te traeré la respuesta.	

Vase.

LEONOR	¡Qué buena invención!	
FABIA	¡Apresta,	
	fiero habitador del centro,	
	fuego accidental que abrase	395
	el pecho desta doncella!	

Salen DON RODRIGO *y* DON FERNANDO.

RODR.	Hasta casarme con ella,	
	será forzoso que pase	
	por estos inconvenientes.	
FERN.	Mucho ha de sufrir quien ama.	400
RODR.	Aquí tenéis vuestra dama...	
FABIA	¡Oh necios impertinentes!	
	¿Quién os ha traído aquí?	
RODR.	Pero ¡en lugar de la mía,	
	aquella sombra!	
FABIA	Sería	405
	gran limosna para mí,	
	que tengo necesidad.	
LEONOR	Yo haré que os pague mi hermana.	
FERN.	Si habéis tomado, señora,	
	o por ventura os agrada	410
	algo de lo que hay aquí	
	(si bien serán cosas bajas	
	las que aquí puede traer	
	esta venerable anciana,	

---

394 «El *centro* del mundo es [el lugar] que más dista del cielo, y así está diputado para el demonio y sus secuaces» (Covarrubias). Fabia invoca al diablo para que encienda de amor a Inés.

395 *accidental:* imprevisto, contingente y transitorio.

	pues no serán ricas joyas	415
	para ofreceros la paga),
	mandadme que os sirva yo.
LEONOR	No habemos comprado nada;
	que es esta buena mujer
	quien suele lavar en casa	420
	la ropa.
RODR.	¿Qué hace don Pedro?
LEONOR	Fue al campo, pero ya tarda.
RODR.	¿Mi señora doña Inés...?
LEONOR	Aquí estaba... Pienso que anda
	despachando esta mujer.	425
RODR.	Si me vio por la ventana,
	¿quién duda que huyó por mí?
	¿Tanto de ver se recata
	quien más servirla desea?

Salga DOÑA INÉS.

LEONOR	Ya sale. Mira que aguarda	430
	por la cuenta de la ropa
	Fabia.
INÉS	Aquí la traigo, hermana.
	Tomad y haced que ese mozo
	la lleve.
FABIA	¡Dichosa el agua
	que ha de lavar, doña Inés,	435
	las reliquias de la holanda
	que tales cristales cubre!

---

[418] En los orígenes del idioma (por ejemplo, en el *Cantar del Cid*), *habemos* predomina sobre *hemos* como auxiliar; en las letras del Siglo de Oro, se da a veces como arcaísmo o dialectalismo, y aun otras parece usado por mera comodidad métrica: en cualquier caso, téngase en cuenta la presión analógica del más estable *habéis*. Cfr. 661.

[436] *holanda:* tela muy fina, para camisas, enaguas, etc.

[437] *cristales:* cfr. 141 n.

Lea.

Seis camisas, diez toallas,
cuatro tablas de manteles,
dos cosidos de almohadas,   440
seis camisas de señor,
ocho sábanas... Mas basta,
que todo vendrá más limpio
que los ojos de la cara.

RODR. Amiga, ¿queréis feriarme   445
ese papel, y la paga
fiad de mí, por tener
de aquellas manos ingratas
letra siquiera en las mías?

FABIA ¡En verdad que negociara   450
muy bien si os diera el papel!
Adiós, hijas de mi alma.

                                        Vase.

RODR. Esta memoria aquí había
de quedar, que no llevarla.

INÉS   Llévala y vuélvela, a efeto   455
de saber si algo le falta.
Mi padre ha venido ya.
Vuesas mercedes se vayan
o le visiten, que siente
que nos hablen, aunque calla.   460

RODR.   Para sufrir el desdén
que me trata desta suerte,
pido al amor y a la muerte

---

[439] *tabla de mantel:* mantel.

[440] «*Cosido* se llama comúnmente la porción de ropa apuntada con un hilo que se da a las lavanderas para llevarla a lavar» *(Dicc. de Autoridades).*

[445] *feriar:* vender, trocar.

[453] *memoria:* papel con apuntamientos, relación de gastos.

[458] «... el *tú* y el *vos* se han usado / para el desprecio y rigor; / el *vuesa merced* jamás / fue de nadie desmentido, / ni enojado ni ofendido» *(¿De cuándo acá nos vino?,* II); de ahí, de *vuesa merced,* viene el *usted* moderno (¿quizá con algún influjo del árabe `*ustād*?).

que algún remedio me den.
Al amor, porque también   465
puede templar tu rigor
con hacerme algún favor;
y a la muerte, porque acabe
mi vida; pero no sabe
la muerte, ni quiere amor.   470
    Entre la vida y la muerte,
no sé qué medio tener,
pues amor no ha de querer
que con tu favor acierte;
y siendo fuerza quererte,   475
quiere el amor que te pida
que seas tú mi homicida.
Mata, ingrata, a quien te adora:
serás mi muerte, señora,
pues no quieres ser mi vida.   480
    Cuanto vive, de amor nace
y se sustenta de amor;
cuanto muere es un rigor
que nuestras vidas deshace.
Si al amor no satisface   485
mi pena, ni la hay tan fuerte
con que la muerte me acierte,
debo de ser inmortal,
pues no me hacen bien ni mal
ni la vida ni la muerte.   490

Vanse los dos.

———————

465 *también:* no sería inaceptable entender 'tan bien'.
481 Cfr. 7 n.
490 Ángel Valbuena señaló con razón el aire cancioneril (es decir,
al modo poético de los cancioneros del siglo XV) de estas décimas («las
décimas son buenas para quejas», piensa Lope, *Arte nuevo*, 307); pero
posiblemente el tal aire tenga poco que ver con la reconstrucción
arqueológica de la época en que se sitúa la acción, y sí mucho, más en
general, con el gusto de Lope por «las sentencias, conceptos y agudezas...
de los poetas españoles antiguos» (*Introducción* a la *Justa poética al
bienaventurado San Isidro*, 1620).

INÉS	¡Qué de necedades juntas!
LEONOR	No fue la tuya menor.
INÉS	¿Cuándo fue discreto amor,
	si del papel me preguntas?
LEONOR	¿Amor te obliga a escribir	495
	sin saber a quién?
INÉS	Sospecho
	que es invención que se ha hecho,
	para probarme a rendir,
	de parte del forastero.
LEONOR	Yo también lo imaginé.	500
INÉS	Si fue ansí, discreto fue.
	Leerte unos versos quiero.

Lea.

«Yo vi la más hermosa labradora,
en la famosa feria de Medina,
que ha visto el sol adonde más se inclina   505
desde la risa de la blanca aurora.
    Una chinela de color que dora
de una coluna hermosa y cristalina
la breve basa, fue la ardiente mina
que vuela el alma a la región que adora.   510
    Que una chinela fuese vitoriosa,
siendo los ojos del Amor enojos,
confesé por hazaña milagrosa.
    Pero díjele, dando los despojos:
"Si matas con los pies, Inés hermosa,   515
¿qué dejas para el fuego de tus ojos?"»

---

508 *coluna:* columna (cfr. 9 n.); vid. *Cantar de los cantares*, V, 15: «Crura illius *columnae* marmoreae, quae fundatae sunt super *bases aureas...*» (y W. F. King [1976]).

509 «*Mina* llamamos la cueva que se hace debajo de tierra... para ofender a los enemigos con cierto género de estratagema, llegando con ella hasta sus muros, para *volarlos* con artificios de pólvora» (Covarrubias); 'explosivo'.

516 Una posible imitación de este soneto puede verse en A. Reyes, *Cuestiones gongorinas*, Madrid, 1927, págs. 120-121; cfr. J. F. Montesinos [1967], pág. 234.

LEONOR	Este galán, doña Inés,	
	te quiere para danzar.	
INÉS	Quiere en los pies comenzar	
	y pedir manos después.	520
LEONOR	¿Qué respondiste?	
INÉS	Que fuese	
	esta noche por la reja	
	del güerto.	
LEONOR	¿Quién te aconseja,	
	o qué desatino es ése?	
INÉS	No para hablarle.	
LEONOR	Pues ¿qué?	525
INÉS	Ven conmigo y lo sabrás.	
LEONOR	Necia y atrevida estás.	
INÉS	¿Cuándo el amor no lo fue?	
LEONOR	Huir de amor, cuando empieza...	
INÉS	Nadie del primero huye,	530
	porque dicen que le influye	
	la misma naturaleza.	

Vanse.

Salen DON ALONSO, TELLO *y* FABIA.

FABIA	Cuatro mil palos me han dado.	
TELLO	¡Lindamente negociaste!	
FABIA	Si tú llevaras los medios...	535
ALONSO	Ello ha sido disparate	
	que yo me atreviese al cielo.	
TELLO	Y que Fabia fuese el ángel,	
	que al infierno de los palos	
	cayese por levantarte.	540

---

530 Probablemente debe interpretarse *nadie de él primero huye...*, 'nadie huye de él a tiempo', 'nadie se adelanta a huirle' (según propone M. Morreale).

532 «Nació conmigo Xarifa... / A quererla antes de ser / me enseñó naturaleza», canta Dorotea y aprueba entusiasta don Bela *(La Dorotea,* II, 5). «Tal concepto de un amor predestinado desde siempre es tan del gusto del autor como de su personaje» (E. S. Morby). Cfr. 218 n.

536 *ello* «aparece sobre todo (...) en la fórmula (...) *ello es... que* (...), en posición inicial de unidad melódica», con «simple valor conectivo» (S. Fernández Ramírez).

FABIA	¡Ay, pobre Fabia!
TELLO	¿Quién fueron
	los crueles sacristanes
	del facistol de tu espalda?
FABIA	Dos lacayos y tres pajes.
	Allá he dejado las tocas 545
	y el monjil hecho seis partes.
ALONSO	Eso, madre, no importara,
	si a tu rostro venerable
	no se hubieran atrevido.
	¡Oh, qué necio fui en fiarme 550
	de aquellos ojos traidores,
	de aquellos falsos diamantes,
	niñas que me hicieron señas
	para engañarme y matarme!
	Yo tengo justo castigo. 555
	Toma este bolsillo, madre...
	y ensilla, Tello, que a Olmedo
	nos hemos de ir esta tarde.
TELLO	¿Cómo, si anochece ya?
ALONSO	Pues ¿qué, quieres que me mate? 560
FABIA	No te aflijas, moscatel,
	ten ánimo, que aquí trae
	Fabia tu remedio. Toma.
ALONSO	¡Papel!
FABIA	Papel.
ALONSO	No me engañes.

---

541 Con raras excepciones, en todo el siglo XVI se usa *quién* por el moderno *quiénes;* el uso sobrevive hasta bien entrado el siglo XVII (y, más ocasionalmente, aún en fechas posteriores).

543 Nota Ramón Rozzell que el sacristán, para marcar el compás, da golpes en el *facistol;* E. S. Morby entiende: «¿Quiénes te pusieron la espalda como atril de coro, con tanta línea y signo como llevas?»; compárese el giro *dar, tocar una solfa a uno.*

550 Cfr. *El perro del hortelano,* 1697-98: «¡Oh, qué mal hice en fiarme / de una palabra amorosa!»

561 *moscatel:* cándido, el que hace el primo.

FABIA	Digo que es suyo, en respuesta	565
	de tu amoroso romance.	
ALONSO	Hinca, Tello, la rodilla.	
TELLO	Sin leer no me lo mandes,	
	que aun temo que hay palos dentro,	
	pues en mondadientes caben.	570

Lea.

ALONSO   «Cuidadosa de saber si sois quien pre-
sumo, y deseando que lo seáis, os supli-
co que vais * esta noche a la reja del
jardín desta casa, donde hallaréis atado
el listón verde de las chinelas, y ponéos-
le mañana en el sombrero para que os
conozca» **.

FABIA	¿Qué te dice?	
ALONSO	Que no puedo	
	pagarte ni encarecerte	
	tanto bien.	
TELLO	Ya desta suerte	
	no hay que ensillar para Olmedo.	
	¿Oyen, señores rocines?	575
	Sosiéguense, que en Medina	
	nos quedamos.	
ALONSO	La vecina	
	noche, en los últimos fines	
	con que va espirando el día,	
	pone los helados pies.	580

---

566 De hecho, el poema de don Alonso es un soneto (503-516), pero la palabra *romance* se usaba a veces para designar otras formas poéticas y aun cualquier obra literaria.

567 Como muestra de respeto, según se hacía al recibir algún escrito del Rey.

570 Los *mondadientes* se llaman también *palillos*.

* Cfr. 133 n.

** La prosa, en las comedias de Lope, aparece casi exclusivamente en billetes por el estilo del de doña Inés.

Para la reja de Inés,
aún importa bizarría,
   que podría ser que amor
la llevase a ver tomar
la cinta. Voyme a mudar.   585

Vase.

TELLO   Y yo a dar a mi señor,
        Fabia, con licencia tuya,
        aderezo de sereno.
FABIA   Detente.
TELLO   Eso fuera bueno,
    a ser la condición suya   590
        para vestirse sin mí.
FABIA   Pues bien le puedes dejar,
    porque me has de acompañar.
TELLO   ¿A ti, Fabia?
FABIA   A mí.
TELLO   ¿Yo?
FABIA   Sí,
    que importa a la brevedad   595
    deste amor.
TELLO   ¿Qué es lo que quieres?
FABIA   Con los hombres, las mujeres
    llevamos seguridad.
        Una muela he menester
    del salteador que ahorcaron   600
    ayer.
TELLO   Pues ¿no le enterraron?
FABIA   No.
TELLO   Pues ¿qué quieres hacer?

---

588 *aderezo de sereno:* vestido para andar al sereno, «hábito de
noche», como dice la próxima acotación.

595 *a la brevedad:* entiéndase, 'al cumplimiento en breve plazo...'

599 Era fama que las brujas usaban muelas de ahorcados para sus
hechizos.

FABIA	Ir por ella, y que conmigo
	vayas solo acompañarme.
TELLO	Yo sabré muy bien guardarme	605
	de ir a esos pasos contigo.
	¿Tienes seso?
FABIA	Pues, gallina,
	adonde yo voy, ¿no irás?
TELLO	Tú, Fabia, enseñada estás
	a hablar al diablo.
FABIA	Camina.	610
TELLO	Mándame a diez hombres juntos
	temerario acuchillar,
	y no me mandes tratar
	en materia de difuntos.
FABIA	Si no vas, tengo de hacer	615
	que el propio venga a buscarte.
TELLO	¡Que tengo de acompañarte!
	¿Eres demonio o mujer?
FABIA	Ven, llevarás la escalera,
	que no entiendes destos casos.	620
TELLO	Quien sube por tales pasos,
	Fabia, el mismo fin espera.

Salen DON FERNANDO *y* DON RODRIGO,
en hábito de noche.

FERN.	¿De qué sirve inútilmente
	venir a ver esta casa?
RODR.	Consuélase entre estas rejas,	625
	don Fernando, mi esperanza.
	Tal vez sus hierros guarnece
	cristal de sus manos blancas;
	donde las pone de día,

---

604 *acompañarme:* 'a acompañarme', con la preposición embebida en la palabra siguiente.

611 Cfr. *Celestina*, XV: «Mándame tú matar con diez hombres por su servicio, e no me ande una legua...»

616 *el propio* difunto, el salteador ahorcado.

630

pongo yo de noche el alma;
que cuanto más doña Inés
con sus desdenes me mata,
tanto más me enciende el pecho,
así su nieve me abrasa.

635

¡Oh rejas, enternecidas
de mi llanto, quién pensara
que un ángel endureciera
quien vuestros hierros ablanda!
¡Oíd! ¿Qué es lo que está aquí?

FERN. En ellos mismos atada   640
está una cinta o listón.

RODR. Sin duda las almas atan
a estos hierros, por castigo
de los que su amor declaran.

FERN. Favor fue de mi Leonor,   645
tal vez por aquí me habla.

RODR. Que no lo será de Inés
dice mi desconfianza;
pero, en duda de que es suyo,
porque sus manos ingratas   650
pudieron ponerle acaso,
basta que la fe me valga.
Dadme el listón.

FERN.   No es razón,
si acaso Leonor pensaba
saber mi cuidado ansí,   655
y no me le ve mañana.

RODR. Un remedio se me ofrece.

FERN. ¿Cómo?

RODR.   Partirle.

FERN.   ¿A qué causa?

RODR. A que las dos nos le vean,
y sabrán con esta traza   660
que habemos venido juntos.

---

644 Como la confesión del delincuente le acarrea el castigo de verse aherrojado, también para escarmiento (otro de los valores de *castigo*) de los demás

FERN.	Gente por la calle pasa.

Salen DON ALONSO *y* TELLO, *de noche*.

TELLO	Llega de presto a la reja;	
	mira que Fabia me aguarda	
	para un negocio que tiene	665
	de grandísima importancia.	
ALONSO	¡Negocio Fabia esta noche	
	contigo!	
TELLO	Es cosa muy alta.	
ALONSO	¿Cómo?	
TELLO	Yo llevo escalera,	
	y ella...	
ALONSO	¿Qué lleva?	
TELLO	Tenazas.	670
ALONSO	Pues ¿qué habéis de hacer?	
TELLO	Sacar	
	una dama de su casa.	
ALONSO	Mira lo que haces, Tello:	
	no entres adonde no salgas.	
TELLO	No es nada, por vida tuya.	675
ALONSO	Una doncella ¿no es nada?	
TELLO	Es la muela del ladrón	
	que ahorcaron ayer.	
ALONSO	Repara	
	en que acompañan la reja	
	dos hombres.	
TELLO	¿Si están de guarda?	680
ALONSO	¡Qué buen listón!	
TELLO	Ella quiso	
	castigarte.	
ALONSO	¿No buscara,	
	si fui atrevido, otro estilo?	
	Pues advierta que se engaña.	
	Mal conoce a don Alonso,	685
	que por excelencia llaman	
	«el Caballero de Olmedo».	
	¡Vive Dios, que he de mostrarla	

	a castigar de otra suerte	
	a quien la sirve!	
TELLO	No hagas	690
	algún disparate.	

TELLO   No hagas   690
algún disparate.

ALONSO   Hidalgos,
en las rejas de esa casa
nadie se arrima.

RODR.   ¿Qué es esto?

FERN.   Ni en el talle ni en el habla
conozco este hombre.

RODR.   ¿Quién es   695
el que con tanta arrogacia
se atreve a hablar?

ALONSO   El que tiene
por lengua, hidalgos, la espada.

RODR.   Pues hallará quien castigue
su locura temeraria.   700

TELLO   Cierra, señor, que no son
muelas que a difuntos sacan.

                           Retírenlos.

ALONSO   No los sigas, bueno está.

TELLO   Aquí se quedó una capa.

ALONSO   Cógela y ven por aquí,   705
que hay luces en las ventanas.

    Salen DOÑA LEONOR *y* DOÑA INÉS.

INÉS   Apenas la blanca Aurora,
Leonor, el pie de marfil
puso en las flores de abril,
que pinta, esmalta y colora,   710
    cuando a mirar el listón
salí, de amor desvelada,
y con la mano turbada
di sosiego al corazón.
    En fin, él no estaba allí.   715

LEONOR   Cuidado tuvo el galán.

---

693 *arrimarse en* es régimen poco frecuente.
701 *cierra:* acomete.

INÉS	No tendrá los que me dan
	sus pensamientos a mí.
LEONOR	Tú, que fuiste el mismo yelo,
	¿en tan breve tiempo estás 720
	de esa suerte?
INÉS	No sé más
	de que me castiga el cielo.
	O es venganza o es vitoria
	de Amor en mi condición;
	parece que el corazón 725
	se me abrasa en su memoria:
	un punto sólo no puedo
	apartarla dél. ¿Qué haré?

Sale DON RODRIGO, *con el listón*
    en el sombrero.

RODR.	(Nunca, amor, imaginé
	que te sujetara el miedo. 730
	Ánimo para vivir,
	que aquí está Inés.) Al señor
	don Pedro busco.
INÉS	Es error
	tan de mañana acudir,
	que no estará levantado. 735
RODR.	Es un negocio importante.
INÉS	No he visto tan necio amante.
LEONOR	Siempre es discreto lo amado
	y necio lo aborrecido.
RODR.	¡Que de ninguna manera 740
	puedo agradar una fiera
	ni dar memoria a su olvido...!
INÉS	¡Ay, Leonor! No sin razón
	viene don Rodrigo aquí,
	si yo misma le escribí 745

---

717 Cfr. 240-242.

718 *sus pensamientos:* posesivo subjetivo, 'el pensar yo en él' (y no, como modernamente se entendería, 'lo que él piensa'); cfr. 726: «su memoria»; 1378: «su desgracia», etc.

727 *punto:* instante *(punctum temporis,* se decía ya en latín).

	que fuese por el listón.	
LEONOR	Fabia este engaño te ha hecho.	
INÉS	Presto romperé el papel,	
	que quiero vengarme en él	
	de que ha dormido en mi pecho.	750

Salen DON PEDRO, *su padre,*
y DON FERNANDO.

FERN.	Hame puesto por tercero	
	para tratarlo con vos.	
PEDRO	Pues hablaremos los dos	
	en el concierto, primero.	
FERN.	Aquí está, que siempre amor	755
	es reloj anticipado.	
PEDRO	Habréle Inés concertado	
	con la llave del favor.	
FERN.	De lo contrario se agravia.	
PEDRO	Señor don Rodrigo...	
RODR.	Aquí	760
	vengo a que os sirváis de mí.	

INÉS	Todo fue enredo de Fabia.	
LEONOR	¿Cómo?	
INÉS	¿No ves que también	
	trae el listón don Fernando?	
LEONOR	Si en los dos le estoy mirando,	765
	entrambos te quieren bien.	
INÉS	Sólo falta que me pidas	
	celos, cuando estoy sin mí.	
LEONOR	¿Qué quieren tratar aquí?	
INÉS	¿Ya las palabras olvidas	770
	que dijo mi padre ayer	
	en materia de casarme?	
LEONOR	Luego bien puede olvidarme	
	Fernando, si él viene a ser.	

---

[754] En lo antiguo, era usual la construcción *hablar en* cuando hoy se emplearía *hablar de*. Por *el concierto* debe entenderse 'el contrato matrimonial'.

INÉS	Antes presumo que son	775
	entrambos los que han querido	
	casarse, pues han partido	
	entre los dos el listón.	

PEDRO	Esta es materia que quiere	
	secreto y espacio; entremos	780
	donde mejor la tratemos.	
RODR.	Como yo ser vuestro espere,	
	no tengo más que tratar.	
PEDRO	Aunque os quiero enamorado	
	de Inés, para el nuevo estado,	785
	quien soy os ha de obligar.	

Vanse los tres.

INÉS	¡Qué vana fue mi esperanza!	
	¡Qué loco mi pensamiento!	
	¡Yo papel a don Rodrigo!	
	¡Y tú de Fernando celos!	790
	¡Oh forastero enemigo!	

Sale FABIA.

	¡Oh Fabia embustera!	
FABIA	Quedo,	
	que lo está escuchando Fabia.	
INÉS	Pues ¿cómo, enemiga, has hecho	
	un enredo semejante?	795
FABIA	Antes fue tuyo el enredo,	
	si en aquel papel escribes	
	que fuese aquel caballero	
	por un listón de esperanza	
	a las rejas de tu güerto,	800
	y en ellas pones dos hombres	

---

780 *espacio:* proceder despacio, sin prisas.

782 *vuestro:* 'de los vuestros, familiar', 'a vuestro servicio' (cfr. 761).

786 *quien soy:* don Pedro alega su alta jerarquía social, su condición de noble; a ella se aludía a menudo con la expresión «soy quien soy».

792 *quedo:* sin hacer ruido, con cuidado; como interjección, 'ialto ahí, quieto!'. Cfr. 1442.

	que le maten, aunque pienso	
	que a no se haber retirado	
	pagaran su loco intento.	
INÉS	¡Ay, Fabia! Ya que contigo	805
	llego a declarar mi pecho,	
	ya que a mi padre, a mi estado	
	y a mi honor pierdo el respeto,	
	dime: ¿es verdad lo que dices?	
	Que siendo ansí, los que fueron	810
	a la reja le tomaron	
	y por favor se le han puesto.	
	De suerte estoy, madre mía,	
	que no puedo hallar sosiego,	
	si no es pensando en quien sabes.	815
FABIA	(¡Oh, qué bravo efeto hicieron	
	los hechizos y conjuros!	
	La vitoria me prometo.)	
	No te desconsueles, hija;	
	vuelve en ti, que tendrás presto	820
	estado con el mejor	
	y más noble caballero	
	que agora tiene Castilla;	
	porque será por lo menos	
	el que por único llaman	825
	«el Caballero de Olmedo».	
	Don Alonso en una feria	
	te vio, labradora Venus,	
	haciendo las cejas arco	
	y flecha los ojos bellos.	830
	Disculpa tuvo en seguirte,	
	porque dicen los discretos	
	que consiste la hermosura	
	en ojos y entendimiento.	

807 *estado* social, 'rango', 'condición'.

812 *por favor:* como si se tratara de una muestra de favor destinada a ellos.

829 *Venus: éu* es asonancia tolerable en un romance en *éo.*

830 *cejas = arco, flecha = ojos,* mirada; otro par de imágenes tópicas del petrarquismo (cfr. 82 n.).

En fin, en las verdes cintas   835
de tus pies llevastes presos
los suyos, que ya el Amor
no prende con los cabellos...
Él te sirve, tú le estimas;
él te adora, tú le has muerto;   840
él te escribe, tú respondes:
¿quién culpa amor tan honesto?
Para él tienen sus padres,
porque es único heredero,
diez mil ducados de renta;   845
y aunque es tan mozo, son viejos.
Déjate amar y servir
del más noble, del más cuerdo
caballero de Castilla,
lindo talle, lindo ingenio.   850
El Rey en Valladolid
grandes mercedes le ha hecho,
porque él solo honró las fiestas
de su real casamiento.
Cuchilladas y lanzadas   855
dio en los toros como un Héctor;
treinta precios dio a las damas
en sortijas y torneos.
Armado, parece Aquiles
mirando de Troya el cerco;   860

---

836 *llevastes:* Lope tal vez escribió, correctamente, *llevaste* (cfr. 26-30); pero aun hoy es corriente la *-s*, por analogía con la desinencia característica de la segunda persona en otros tiempos.

838 Cfr. 110 n., y nótese la ironía respecto a la sobada metáfora aludida en 82 n.

845 El *ducado* era la moneda de oro más valiosa.

853 'Porque bastó don Alonso por sí solo para hacer memorables las fiestas.'

854 Don Juan II de Castilla casó en 1418 con la infanta doña María de Aragón, en Medina del Campo: «y allí se ficieron estonces muy grandes fiestas y alegrías, así en justas y torneos como en correr toros» (L. Barrientos, *Refundición de la crónica del halconero de Juan II*, cap. XI).

857 *precio:* el premio que se ganaba en las justas u otras diversiones caballerescas (como la de ensartar *sortijas*).

	con galas parece Adonis...	
	(¡Mejor fin le den los cielos!)	
	Vivirás bien empleada	
	en un marido discreto.	
	¡Desdichada de la dama	865
	que tiene marido necio!	
INÉS	¡Ay, madre! Vuélvesme loca.	
	Pero, ¡triste!, ¿cómo puedo	
	ser suya, si a don Rodrigo	
	me da mi padre don Pedro?	870
	Él y don Fernando están	
	tratando mi casamiento.	
FABIA	Los dos harán nulidad	
	la sentencia de ese pleito.	
INÉS	Está don Rodrigo allí.	875
FABIA	Eso no te cause miedo,	
	pues es parte y no jüez.	
INÉS	Leonor, ¿no me das consejo?	
LEONOR	Y ¿estás tú para tomarle?	
INÉS	No sé; pero no tratemos	880
	en público destas cosas.	
FABIA	Déjame a mí tu suceso.	
	Don Alonso ha de ser tuyo;	
	que serás dichosa, espero,	
	con hombre que es en Castilla	885
	la gala de Medina,	
	la flor de Olmedo.	

FIN DEL PRIMER ACTO
DEL *CABALLERO DE OLMEDO*

---

862 «—¿Es muerto el bello Adonis? / ...—Salió de aquestos robles... / un jabalí cerdoso... / El animoso mozo... / salió de aquella senda; / y apenas el venablo, / afirmado en la tierra, / le puso al pecho cuando / por él al suyo se entra. / Los agudos colmillos, / ¡ay cielos!, atraviesan / la carne delicada» (*Adonis y Venus*, III).

863 *emplear* se usaba con frecuencia en la acepción restringida de 'tener trato amoroso' (de donde el postverbal *empleo* 'amores, noviazgo, relaciones') o 'conseguir un buen partido, boda provechosa'; cfr. 2611.

874 *harán nulidad:* propiamente, con valor jurídico, 'recurrirán, presentarán recurso o excepción de *nulidad* (para que la sentencia sea anulada por un tribunal superior)'.

ACTO SEGUNDO

PERSONAS DEL ACTO SEGUNDO

DON ALONSO	DOÑA LEONOR
DON FERNANDO	TELLO
DON RODRIGO	EL REY DON JUAN
DON PEDRO	EL CONDESTABLE
FABIA	ANA
DOÑA INÉS	

Salen TELLO *y* DON ALONSO.

ALONSO	Tengo el morir por mejor,	
	Tello, que vivir sin ver.	
TELLO	Temo que se ha de saber	890
	este tu secreto amor;	
	que con tanto ir y venir	
	de Olmedo a Medina, creo	
	que a los dos da tu deseo	
	que sentir y aun que decir.	895
ALONSO	¿Cómo puedo yo dejar	
	de ver a Inés, si la adoro?	
TELLO	Guardándole más decoro	
	en el venir y el hablar;	

---

895 *sentir:* vale, también, 'oír'.

898 «Cuando queremos decir que uno se gobierna en su manera de vivir conforme al estado y condición que tiene, decimos que 'guarda el *decoro*'» (Juan de Valdés).

	que en ser a tercero día,	900
	pienso que te dan, señor,	
	tercianas de amor.	
ALONSO	Mi amor	
	ni está ocioso, ni se enfría:	
	siempre abrasa; y no permite	
	que esfuerce naturaleza	905
	un instante su flaqueza,	
	porque jamás se remite.	
	Mas bien se ve que es león	
	Amor; su fuerza, tirana;	
	pues que con esta cuartana	910
	se amansa mi corazón.	
	Es esta ausencia una calma	
	de amor; porque si estuviera	
	adonde siempre a Inés viera,	
	fuera salamandra el alma.	915
TELLO	¿No te cansa y te amohína	
	tanto entrar, tanto partir?	
ALONSO	Pues yo ¿qué hago en venir,	
	Tello, de Olmedo a Medina?	
	Leandro pasaba un mar	920

---

900 *en ser: en + infinitivo* «es uno de los procedimientos [usados en lo antiguo] para expresar la relación hoy expresada por *al* con infinitivo» (H. Keniston).

902 *terciana:* 'la calentura que responde a tercero día' (Covarrubias), que sobreviene cada cuarenta y ocho horas; se decía que el *león* sufría de frecuentes *cuartanas* (908, 910).

906 Es decir, 'que la naturaleza saque por un instante fuerzas de su flaqueza'.

912 *calma:* 'el tiempo que no corre ningún aire, y es término náutico' (Covarrubias). Para los versos 897-915, cfr. E. Martínez López [1979].

915 Es antigua (está ya en Aristóteles) y popular la idea de que la *salamandra* puede estar en el fuego sin quemarse; en poesía, aplicada al amante, «pertenece claramente a la tradición petrarquesca» (D. Alonso).

920 En *El peregrino en su patria* (1604), Lope cita una comedia suya titulada *Hero y Leandro* (hoy perdida); en ella contaría cómo Leandro se ahogó en el Helesponto —que cruzaba todas las noches a nado—, al apagar una tempestad la luz con que Hero, su amada, le señalaba el rumbo. «—Leandro ¿no pasó el mar / dos mil veces animoso? / —¿No

todas las noches, por ver
si le podía beber
para poderse templar;
    pues si entre Olmedo y Medina
no hay, Tello, un mar, ¿qué me debe   925
Inés?

TELLO   A otro mar se atreve
quien al peligro camina
    en que Leandro se vio;
pues a don Rodrigo veo
tan cierto de tu deseo   930
como puedo estarlo yo;
    que, como yo no sabía
cúya aquella capa fue,
un día que la saqué...

ALONSO   ¡Gran necedad!
TELLO   Como mía.   935
    Me preguntó: «Diga, hidalgo,
¿quién esta capa le dio?
Porque la conozco yo...»
Respondí: «Si os sirve en algo,
    daréla a un criado vuestro».   940
Con esto, descolorido,
dijo: «Habíala perdido
de noche un lacayo nuestro,
    pero mejor empleada
está en vos; guardadla bien».   945
Y fuese a medio desdén,
puesta la mano en la espada.
    Sabe que te sirvo y sabe
que la perdió con los dos.
Advierte, señor, por Dios,   950
que toda esta gente es grave,

---

ves que eso es fabuloso... / y en la torre, contra el viento, / luz le solían
encender?» *(La viuda valenciana*, II).

933 *cúyo, -a*, 'de quién', «es hoy exclusivamente culto y raras veces
empleado» (S. Fernández Ramírez).

946 *a medio desdén:* probablemente, 'afectando desdén, como con
desprecio'.

y que están en su lugar,
donde todo gallo canta.
    Sin esto, también me espanta
ver este amor comenzar   955
    por tantas hechicerías,
y que cercos y conjuros
no son remedios seguros,
si honestamente porfías.
    Fui con ella (que no fuera)   960
a sacar de un ahorcado
una muela; puse a un lado,
como arlequín, la escalera.
    Subió Fabia, quedé al pie,
y díjome el salteador: 965
«Sube, Tello, sin temor,
o, si no, yo bajaré».
    ¡San Pablo, allí me caí!
Tan sin alma vine al suelo,
que fue milagro del cielo   970
el poder volver en mí.
    Bajó, desperté turbado
y de mirarme afligido,
porque, sin haber llovido,
estaba todo mojado.   975

ALONSO   Tello, un verdadero amor
en ningún peligro advierte.
Quiso mi contraria suerte
que hubiese competidor,

---

953 «Cada gallo canta en su muladar» era refrán muy conocido.

957 *cercos:* los que trazaban los hechiceros para sus conjuros.

963 El *arlequín*, grotescamente vestido, hace muecas y burlas subido a una escalera puesta a un lado de la maroma en que actúa el acróbata (así puede verse, por ejemplo, en un antiguo grabado publicado por J. E. Varey). Cfr. Luis Quiñones de Benavente, *El avantal:* «os volvéis arlequín..., en la... maroma o tela haciendo... volatín»; y W. F. King [1972], n. 34.

968 Tello invoca a San Pablo recordando su célebre caída *(Act. apost.,* IX, 4).

977 'A ningún riesgo atiende, hace caso'.

                    y que trate, enamorado,   980
                    casarse con doña Inés;
                    pues ¿qué he de hacer, si me ves
                    celoso y desesperado?
                         No creo en hechicerías,
                    que todas son vanidades: 985
                    quien concierta voluntades,
                    son méritos y porfías.
                         Inés me quiere, yo adoro
                    a Inés, yo vivo en Inés;
                    todo lo que Inés no es   990
                    desprecio, aborrezco, ignoro.
                         Inés es mi bien, yo soy
                    esclavo de Inés; no puedo
                    vivir sin Inés; de Olmedo
                    a Medina vengo y voy,   995
                         porque Inés mi dueño es
                    para vivir o morir.
TELLO   Sólo te falta decir:
                    «Un poco te quiero, Inés».
                    ¡Plega a Dios que por bien sea!   1000
ALONSO   Llama, que es hora.
TELLO   Yo voy.
ANA   ¿Quién es?
TELLO   ¡Tan presto! Yo soy.
                    ¿Está en casa Melibea?
                    Que viene Calisto aquí.

---

987 «Porfíe Vueseñoría, / que la victoria de amor / sólo estriba en la
porfía» *(Quien bien ama tarde obliga*, I):

996 *dueño*, y no *dueña*, no sólo por obediencia a una antigua tradición (ya la poesía trovadoresca llamaba a la amada *midons*, en masculino), sino también porque *dueña* (usado normalmente con el valor
de 'vieja criada' o 'mujer de edad') tenía una connotación negativa.

999 Correas recoge: «Un poco te quiero Inés; / yo te lo diré después» (cfr. el v. 1011). Es uno entre los «muchos cantares [que] logra-
ron... una amplia y a veces duradera proverbialización» (M. Frenk);
Lope vuelve a citarlo en *La noche toledana*, II; lo recordaron también
Calderón, Gabriel Lasso de la Vega, etc.

ANA	Aguarda un poco, Sempronio.	1005
TELLO	¿Si haré falso testimonio?	

Sale DOÑA INÉS.

INÉS	¿El mismo?
ANA	Señora, sí.
INÉS	¡Señor mío...!
ALONSO	Bella Inés,

esto es venir a vivir.

TELLO	Agora no hay que decir:	1010
	«Yo te lo diré después».	
INÉS	¡Tello amigo!	
TELLO	¡Reina mía!	
INÉS	Nunca, Alonso de mis ojos,	

por haberme dado enojos
esta ignorante porfía   1015
    de don Rodrigo, esta tarde,
he estimado que me vieses...
. . . .
. . . .

ALONSO	Aunque fuerza de obediencia	1020

te hiciese tomar estado,
no he de estar desengañado
hasta escuchar la sentencia.
    Bien el alma me decía,
y a Tello se lo contaba   1025
cuando el caballo sacaba
—y el sol los que aguarda el día—,
    que de alguna novedad
procedía mi tristeza,
viniendo a ver tu belleza,   1030
pues me dices que es verdad.

_____

1006 Otras ediciones traen: «¿Si haré [cfr. 1896], falso testimonio?»
Tello parece preguntarse (cfr. 680) si mentirá al aplicar tales nombres a
don Alonso y doña Inés; pero, aun siendo Tello quien ha iniciado el
juego, también cabe entender: «Sí haré, falso testimonio [= Ana]».
1027 Alude a los caballos del carro de Febo, en que va el sol.

	¡Ay de mí si ha sido ansí!	
INÉS	No lo creas, porque yo	
	diré a todo el mundo no,	
	después que te dije sí.	1035

Tú sólo dueño has de ser
de mi libertad y vida;
no hay fuerza que el ser impida,
don Alonso, tu mujer.
Bajaba al jardín ayer,   1040
y como por don Fernando
me voy de Leonor guardando,
a las fuentes, a las flores
estuve diciendo amores,
y estuve también llorando.   1045
    «Flores y aguas —les decía—,
dichosa vida gozáis,
pues, aunque noche pasáis,
veis vuestro sol cada día».
Pensé que me respondía   1050
la lengua de una azucena
(¡qué engaños amor ordena!):
«Si el sol que adorando estás
viene de noche, que es más,
Inés, ¿de qué tienes pena?»   1055

TELLO   Así dijo a un ciego un griego
que le contó mil disgustos:
«Pues tiene la noche gustos,
¿para qué te quejas, ciego?»

INÉS   Como mariposa llego   1060
a estas horas, deseosa
de tu luz... No mariposa,
fénix ya, pues de una suerte
me da vida y me da muerte

1052 Cfr. 154 n.

1059 El apotegma adapta un dicho de Antípatro el Cirenaico («cuius caecitatem cum mulierculae lamentarentur, 'quid agitis', inquit, 'an vobis nulla videtur voluptas esse nocturna?'»; Cicerón, *Tusculanas*, V, 38, 112), difundido por múltiples fuentes.

	llama tan dulce y hermosa.	1065
ALONSO	¡Bien haya el coral, amén,	
	de cuyas hojas de rosas	
	palabras tan amorosas	
	salen a buscar mi bien!	
	Y advierte que yo también,	1070
	cuando con Tello no puedo,	
	mis celos, mi amor, mi miedo	
	digo en tu ausencia a las flores.	
TELLO	Yo le vi decir amores	
	a los rábanos de Olmedo;	1075
	que un amante suele hablar	
	con las piedras, con el viento.	
ALONSO	No puede mi pensamiento	
	ni estar solo, ni callar;	
	contigo, Inés, ha de estar,	1080
	contigo hablar y sentir.	
	¡Oh, quién supiera decir	
	lo que te digo en ausencia!	
	Pero estando en tu presencia	
	aun se me olvida el vivir.	1085
	Por el camino le cuento	
	tus gracias a Tello, Inés,	
	y celebramos después	
	tu divino entendimiento.	
	Tal gloria en tu nombre siento,	1090
	que una mujer recibí	

1065 «Muchos cuentan que... / la fénix..., / cuando viene en suma / a estar vieja, hace una hoguera... / adonde el cuerpo caduco / recuesta... / Muere, en fin, aquel primero / fénix, y el quemàdo aroma / cría una blanca paloma / que sale de su ceniza, / con que su ser eterniza...» *(El peregrino en su patria)*: «cosi... / lo mio voler... / torna al suo stato di prima; / arde e more e riprende i nervi suoi / e vive poi con la fenice a prova» (Petrarca, *Canzoniere*, 135, 9-15). No menos común es la imagen de la mariposa y la luz.

1067 *coral* y *rosas*, por 'labios' o 'boca', son metáforas manoseadísimas; cfr. 99-102.

1075 Era proverbial la buena calidad de los rábanos de Olmedo (vid. abajo, 1871).

1091 *recibí*: tomé a mi servicio.

	de tu nombre, porque ansí,	
	llamándola todo el día,	
	pienso, Inés, señora mía,	
	que te estoy llamando a ti.	1095
TELLO	Pues advierte, Inés discreta,	
	de los dos tan nuevo efeto,	
	que a él le has hecho discreto,	
	y a mí me has hecho poeta.	
	Oye una glosa a un estribo	1100
	que compuso don Alonso,	
	a manera de responso,	
	si los hay en muerto vivo.	

En el valle a Inés
la dejé riendo: 1105
si la ves, Andrés,
dile cuál me ves
por ella muriendo.

INÉS	¿Don Alonso la compuso?	
TELLO	Que es buena jurarte puedo	1110
	para poeta de Olmedo.	
	Escucha.	
ALONSO	Amor lo dispuso.	
TELLO	Andrés, después que las bellas	
	plantas de Inés goza el valle,	
	tanto florece con ellas,	1115
	que quiso el cielo trocalle	
	por sus flores sus estrellas.	
	Ya el valle es cielo, después	
	que su primavera es,	
	pues verá el cielo en el suelo	1120
	quien vio —pues Inés es cielo—	
	en el valle a Inés.	

1100 *estribo:* 'estribillo' o 'breve texto poético adecuado para servir de tal o dar lugar a una glosa'.

1108 La quintilla era muy conocida; cfr. arriba, pág. 64, n. 55.

1116 *trocalle:* la asimilación de la -*r* del infinitivo a la -*l* del enclítico, común en lo antiguo, se usa en nuestra comedia casi únicamente cuando facilita la rima (cfr. 1337-39-41; 1370, etc.; pero 2439).

Con miedo y respeto estampo
el pie donde el suyo huella;
que ya Medina del Campo   1125
no quiere aurora más bella
para florecer su campo.
Yo la vi de amor huyendo,
cuanto miraba matando,
su mismo desdén venciendo;   1130
y aunque me partí llorando,
la dejé riendo.
     Dile, Andrés, que ya me veo
muerto por volverla a ver...
Aunque, cuando llegues, creo   1135
que no será menester,
que me habrá muerto el deseo.
No tendrás qué hacer después
que a sus manos vengativas
llegues, si una vez la ves,   1140
ni aun es posible que vivas,
si la ves, Andrés.
     Pero si matarte olvida
por no hacer caso de ti,
dile a mi hermosa homicida   1145
que por qué se mata en mí,
pues que sabe que es mi vida.
Dile: «Cruel, no le des
muerte, si vengada estás
y te ha de pesar después».   1150
Y pues no me has de ver más,
dile cuál me ves.
     Verdad es que se dilata
el morir, pues con mirar
vuelve a dar vida la ingrata,   1155

1127 Cfr. sólo J. de Zabaleta, *El día de fiesta por la tarde* (1659), VI:
«Empieza [el poeta] su obra... a una dama..., y lo primero con que topa
es aquello, tantas veces repetido como errado, que el contacto de su
pie produjo la flor en la tierra», etc. «El pie con que floreces / estos
dichosos campos, nueva Flora...» *(El villano en su rincón,* 1314-15). Para
la rima, cfr. 238, n.

	y así se cansa en matar,	
	pues da vida a cuantos mata;	
	pero muriendo o viviendo,	
	no me pienso arrepentir	
	de estarla amando y sirviendo;	1160
	que no hay bien como vivir	
	por ella muriendo.	
INÉS	Si es tuya, notablemente	
	te has alargado en mentir	
	por don Alonso.	
ALONSO	Es decir,	1165
	que mi amor en versos miente...	
	Pues, señora, ¿qué poesía	
	llegará a significar	
	mi amor?	
INÉS	¡Mi padre!	
ALONSO	¿Ha de entrar?	
INÉS	Escondeos.	
ALONSO	¿Dónde?	

Ellos se entran, y sale DON PEDRO.

PEDRO	Inés mía,	1170
	¿agora por recoger?	
	¿Cómo no te has acostado?	
INÉS	Rezando, señor, he estado,	
	por lo que dijiste ayer,	
	rogando a Dios que me incline	1175
	a lo que fuere mejor.	
PEDRO	Cuando para ti mi amor	
	imposibles imagine,	
	no pudiera hallar un hombre	
	como don Rodrigo, Inés.	1180
INÉS	Ansí dicen todos que es	
	de su buena fama el nombre;	
	y habiéndome de casar,	
	ninguno en Medina hubiera,	

	ni en Castilla, que pudiera	1185
	sus méritos igualar.	
PEDRO	¿Cómo habiendo de casarte?	
INÉS	Señor, hasta ser forzoso	
	decir que ya tengo esposo,	
	no he querido disgustarte.	1190
PEDRO	¡Esposo! ¿Qué novedad	
	es ésta, Inés?	
INÉS	Para ti	
	será novedad, que en mí	
	siempre fue mi voluntad.	
	Y, ya que estoy declarada,	1195
	hazme mañana cortar	
	un hábito, para dar	
	fin a esta gala escusada;	
	que así quiero andar, señor,	
	mientras me enseñan latín.	1200
	Leonor te queda, que al fin	
	te dará nietos Leonor.	
	Y por mi madre te ruego	
	que en esto no me repliques,	
	sino que medios apliques	1205
	a mi elección y sosiego.	
	Haz buscar una mujer	
	de buena y santa opinión,	
	que me dé alguna lición	
	de lo que tengo de ser,	1210
	y un maestro de cantar,	
	que de latín sea también.	
PEDRO	¿Eres tú quien habla, o quién?	
INÉS	Esto es hacer, no es hablar.	

1189 «*Esposa* y *esposo*, los que han dado palabra de casamiento...,
lat. *sponsa* et -*us*» (Covarrubias). Inés finge querer irse monja (cfr. 1197,
etcétera). Vid. arriba, pág. 69.
1209 «El empleo excesivo de *i*, *u*, no sólo dura todo el siglo XVI...,
sino que algunos casos penetran en el siglo XVII; *lición* ['lección'],
perfición eran corrientes, y *afición* llegó a perpetuarse» (R. Lapesa).

PEDRO   Por una parte, mi pecho   1215
se enternece de escucharte,
Inés, y por otra parte,
de duro mármol le has hecho.
    En tu verde edad mi vida
esperaba sucesión;   1220
pero si esto es vocación,
no quiera Dios que lo impida.
    Haz tu gusto, aunque tu celo
en esto no intenta el mío;
que ya sé que el albedrío   1225
no presta obediencia al cielo.
    Pero porque suele ser
nuestro pensamiento humano
tal vez inconstante y vano
—y en condición de mujer,   1230
que es fácil de persuadir,
tan poca firmeza alcanza,
que hay de mujer a mudanza
lo que de hacer a decir—,
    mudar las galas no es justo,   1235
pues no pueden estorbar
a leer latín o cantar,
ni a cuanto fuere tu gusto.
    Viste alegre y cortesana,
que no quiero que Medina,   1240
si hoy te admirare divina,
mañana te burle humana.
    Yo haré buscar la mujer

1224 'A este propósito no pretende lo mismo que mi celo, no tiene el mismo intento que el mío'. (Parece inaceptable que *intentar* sea aquí «variante de *atentar*», según sugiere M. Morreale.)

1225 Don Pedro se refiere a su propio *albedrío*.

1233 Otra conocida mezcla de paronomasia y etimología irónica definía a la *mujer* como «*mollis aer*».

1242 *te burle humana:* se ría de tí, desde un punto de vista meramente humano y juzgándote solo en tanto mujer, por no vestir de acuerdo con tu condición. Nótese el uso del atributo predicativo, sin más nexos (*divina, humana*), tan del gusto de la época.

y quien te enseñe latín,
pues a mejor padre, en fin,   1245
es más justo obedecer.
    Y con esto, a Dios te queda;
que, para no darte enojos,
van a esconderse mis ojos
adonde llorarte pueda.   1250

Vase, y salgan DON ALONSO *y* TELLO.

INÉS   Pésame de haberle dado
             disgusto.
ALONSO   A mí no me pesa,
             por el que me ha dado el ver
             que nuestra muerte conciertas.
             ¡Ay, Inés! ¿Adónde hallaste   1255
             en tal desdicha, en tal pena,
             tan breve remedio?
INÉS   Amor
             en los peligros enseña
             una luz por donde el alma
             posibles remedios vea.   1260
ALONSO   Este ¿es remedio posible?
INÉS   Como yo agora le tenga
             para que este don Rodrigo
             no llegue al fin que desea,
             bien sabes que breves males   1265
             la dilación los remedia;
             que no dejan esperanza,
             si no hay segunda sentencia.
TELLO   Dice bien, señor; que en tanto
             que doña Inés cante y lea,   1270
             podéis dar orden los dos

_____

1257 *breve:* aquí, 'expeditivo, brusco, sumario'; en 1265, M. Morreale
entiende '(mal) que habrá sido breve', y no 'que ha de llegar en breve,
inminente'.
1267 Entiéndase: 'mientras, en cambio, de no remediarlos la dilación,
no dejan lugar a la *esperanza...*'.
1268 *segunda sentencia:* por apelación en segunda instancia.

<table>
<tr><td></td><td>para que os valga la Iglesia.</td><td></td></tr>
<tr><td></td><td>Sin esto, desconfiado</td><td></td></tr>
<tr><td></td><td>don Rodrigo, no hará fuerza</td><td></td></tr>
<tr><td></td><td>a don Pedro en la palabra,</td><td>1275</td></tr>
<tr><td></td><td>pues no tendrá por ofensa</td><td></td></tr>
<tr><td></td><td>que le deje doña Inés</td><td></td></tr>
<tr><td></td><td>por quien dice que le deja.</td><td></td></tr>
<tr><td></td><td>También es linda ocasión</td><td></td></tr>
<tr><td></td><td>para que yo vaya y venga</td><td>1280</td></tr>
<tr><td></td><td>con libertad a esta casa.</td><td></td></tr>
<tr><td>ALONSO</td><td>¡Libertad! ¿De qué manera?</td><td></td></tr>
<tr><td>TELLO</td><td>Pues ha de leer latín,</td><td></td></tr>
<tr><td></td><td>¿no será fácil que pueda</td><td></td></tr>
<tr><td></td><td>ser yo quien venga a enseñarla?</td><td>1285</td></tr>
<tr><td></td><td>¡Y verás con qué destreza</td><td></td></tr>
<tr><td></td><td>la enseño a leer tus cartas!</td><td></td></tr>
<tr><td>ALONSO</td><td>¡Qué bien mi remedio piensas!</td><td></td></tr>
<tr><td>TELLO</td><td>Y aun pienso que podrá Fabia</td><td></td></tr>
<tr><td></td><td>servirte en forma de dueña,</td><td>1290</td></tr>
<tr><td></td><td>siendo la santa mujer</td><td></td></tr>
<tr><td></td><td>que con su falsa apariencia</td><td></td></tr>
<tr><td></td><td>venga a enseñarla.</td><td></td></tr>
<tr><td>INÉS</td><td>   Bien dices,</td><td></td></tr>
<tr><td></td><td>Fabia será mi maestra</td><td></td></tr>
<tr><td></td><td>de virtudes y costumbres.</td><td>1295</td></tr>
<tr><td>TELLO</td><td>¡Y qué tales serán ellas!</td><td></td></tr>
<tr><td>ALONSO</td><td>Mi bien, yo temo que el día</td><td></td></tr>
<tr><td></td><td>—que es amor dulce materia</td><td></td></tr>
<tr><td></td><td>para no sentir las horas,</td><td></td></tr>
<tr><td></td><td>que por los amantes vuelan—</td><td>1300</td></tr>
</table>

1272 Para ello, había que *depositar* a doña Inés; *depositar* valía «poner en libertad la doncella que ha dado palabra de casamiento, sacándola de casa sus padres o parientes y entrándola en convento o en otro paraje seguro, donde se la pueda libremente explorar su voluntad, lo que se ejecuta por el juez eclesiástico» *(Dicc. de Autoridades).*

1273 *desconfiado:* habiendo perdido la esperanza; cfr. 206.

1275 *palabra* de casamiento.

1290 *en forma:* con *apariencia* (1292), con aspecto, en traje...

nos halle tan descuidados,
que al salir de aquí me vean,
o que sea fuerza quedarme.
¡Ay, Dios! ¡Qué dichosa fuerza!
Medina a la Cruz de Mayo   1305
hace sus mayores fiestas:
yo tengo que prevenir,
que, como sabes, se acercan;
que, fuera de que en la plaza
quiero que galán me veas,   1310
de Valladolid me escriben
que el rey don Juan viene a verlas;
que en los montes de Toledo
le pide que se entretenga
el Condestable estos días,   1315
porque en ellos convalezca,
y de camino, señora,
que honre esta villa le ruega;
y, así, es razón que le sirva
la nobleza desta tierra.   1320
Guárdete el cielo, mi bien.

INÉS   Espera, que a abrir la puerta
es forzoso que yo vaya.

ALONSO   ¡Ay luz! ¡Ay aurora necia,
de todo amante envidiosa!   1325

1304 Cabe conjeturar que en el original este verso estaba en boca de Inés.

1305 *la Cruz de Mayo:* el día 3, fiesta de la Invención de la Santa Cruz.

1307 *prevenir* 'preparar (lo necesario para un fin)' se usaba frecuentemente sin complemento explícito; cfr., en cambio, 1503-4.

1315 *el Condestable*, don Álvaro de Luna; más abajo (2092-95; 2517-18), se explica que el Rey va a Toledo para unas vistas con «el Infante» (?), lo que parece sin ninguna consistencia histórica (vid. notas a 1564-72), por más que se haya apuntado que don Juan II pasó por Medina en 1451, precedido por el príncipe don Enrique y en camino de Tordesillas a Toledo.

1325 La queja o dicterio contra la aurora, cuya llegada separa a los amantes, es tema poético universal (y constitutivo de un género bien definido: el *alba* o *albada*); en España, desde fines del xv, tal situación aparece a menudo en el teatro: «En ocasiones se introduce... con vistas

TELLO	Ya no aguardéis que amanezca.
ALONSO	¿Cómo?
TELLO	Porque es de día.
ALONSO	Bien dices, si a Inés me muestras.

ALONSO   Pero ¿cómo puede ser,
        Tello, cuando el sol se acuesta?   1330
TELLO   Tú vas de espacio, él aprisa;
        apostaré que te quedas.

Salen DON RODRIGO *y* DON FERNANDO.

RODR.   Muchas veces había reparado,
        don Fernando, en aqueste caballero,
        del corazón solícito avisado.   1335
        El talle, el grave rostro, lo severo,
        celoso me obligaban a miralle.
FERN.   Efetos son de amante verdadero,
        que, en viendo otra persona de buen talle,
        tienen temor que si le ve su dama   1340
        será posible o fuerza codicialle.
RODR.   Bien es verdad que él tiene tanta fama,
        que, por más que en Medina se encubría,
        el mismo aplauso popular le aclama.
        Vi, como os dije, aquel mancebo, un día, 1345
        que la capa perdida en la pendencia,
        contra el valor de mi opinión, traía.
        Hice secretamente diligencia,
        después de hablarle, y satisfecho quedo

---

a crear un contraste deliberado con la muerte del amante, inmediata o algo posterior... Semejante asociación... con la muerte es la que se da en *La Celestina* y en *El Caballero de Olmedo*» (E. M. Wilson).

[1330] O el *sol* es 'Inés' (cfr. 2121) o *acostarse*, como término náutico, vale 'llegarse a la costa u a otra cualquier tierra' (E. de Salazar), 'acercarse'.

[1333] «Son los tercetos para cosas graves» *(Arte nuevo,* 311); más en concreto, en el teatro de Lope, «úsanse sólo para el diálogo... El estilo es llano, pero ligado a la expresión de sentimientos elevados. Ocasionalmente también sirven para comentarios dialogados, bien de carácter factual... o con reflexiones graves» (D. Marín).

[1340] *tienen:* cabría leer *tiene.*

[1347] Es decir, 'en detrimento de mi honra o prestigio'.

[1349] *satisfecho:* enterado (cfr. 1898).

que tiene esta amistad correspondencia.   1350
Su dueño es don Alonso, aquel de Ol-
[medo,
alanceador galán y cortesano,
de quien hombres y toros tienen miedo.
Pues si éste sirve a Inés, ¿qué intento
en vano?
O ¿cómo quiero yo, si ya le adora,   1355
que Inés me mire con semblante humano?

FERN.   ¿Por fuerza ha de quererle?
RODR.   Él la enamora,
y merece, Fernando, que le quiera.
¿Qué he de pensar, si me aborrece agora?

FERN.   Son celos, don Rodrigo, una quimera   1360
que se forma de envidia, viento y sombra,
con que lo incierto imaginado altera;
una fantasma que de noche asombra,
un pensamiento que a locura inclina,
y una mentira que verdad se nombra.   1365

RODR.   Pues ¿cómo tantas veces a Medina
viene y va don Alonso? Y ¿a qué efeto
es cédula de noche en una esquina?
Yo me quiero casar; vos sois discreto:
¿qué consejo me dais, si no es matalle?   1370

FERN.   Yo hago diferente mi conceto;
que ¿cómo puede doña Inés amalle,
si nunca os quiso a vos?

RODR.   Porque es respuesta
que tiene mayor dicha o mejor talle.

1360 Las siguientes definiciones de los celos tienen infinitas réplicas
en Lope y sus contemporáneos, aparte —lo que es más importante—
encarnación dramática en buen número de comedias.

1363 *una fantasma:* «los neutros griegos en -*ma* se incorporaron en
general al neutro latino», si bien en romance «la atracción hacia el
femenino, por la influencia de la -*a*, ha sido mucho más decidida que
en el latín popular... Con todo, la erudición moderna trató de imponer...
el género masculino..., y lo logró en una serie de voces que eran feme-
ninas en el uso clásico» o «presentan vacilación hasta hoy» (A. Rosen-
blat); *asombra:* 'asusta'.

1368 Es decir, pasa la noche allí, como los avisos o pasquines que se
fijaban en las esquinas; cfr. 93 n. (al final).

FERN.	Mas porque doña Inés es tan honesta, 1375
	que aun la ofendéis con nombre de marido.
RODR.	Yo he de matar a quien vivir me cuesta
	en su desgracia, porque tanto olvido
	no puede proceder de honesto intento.
	Perdí la capa y perderé el sentido. 1380
FERN.	Antes dejarla a don Alonso siento
	que ha sido como echársela en los ojos.
	Ejecutad, Rodrigo, el casamiento;
	llévese don Alonso los despojos,
	y la vitoria vos.
RODR.	Mortal desmayo 1385
	cubre mi amor de celos y de enojos.
FERN.	Salid galán para la Cruz de Mayo,
	que yo saldré con vos; pues el Rey viene,
	las sillas piden el castaño y bayo.
	Menos aflige el mal que se entretiene. 1390
RODR.	Si viene don Alonso, ya Medina
	¿qué competencia con Olmedo tiene?
FERN.	¡Qué loco estáis!
RODR.	Amor me desatina.

Vanse.

Salen DON PEDRO, DOÑA INÉS, DOÑA LEONOR.

PEDRO	No porfíes.
INÉS	No podrás
	mi propósito vencer. 1395
PEDRO	Hija, ¿qué quieres hacer,
	que tal veneno me das?
	Tiempo te queda...
INÉS	Señor,
	¿qué importa el hábito pardo,
	si para siempre le aguardo? 1400
LEONOR	Necia estás.

1382 «*Echarle a uno capas*, porque no le tome el toro, es favorecerle...» (Covarrubias); pero, aquí, «echársela en los ojos», con el trasfondo de ese giro y la idea que contiene, significa 'taparle los ojos', 'cegar' a doña Inés (mejor que a don Alonso o con alcance más amplio).
1389 Cfr. 1992 y n.

INÉS	Calla, Leonor.
LEONOR	Por lo menos estas fiestas
	has de ver con galas.
INÉS	Mira
	que quien por otras suspira
	ya no tiene el gusto en estas. 1405
	Galas celestiales son
	las que ya mi vida espera.
PEDRO	¿No basta que yo lo quiera?
INÉS	Obedecerte es razón.

Sale FABIA, *con un rosario y báculo*
   y antojos*.

FABIA	Paz sea en aquesta casa. 1410
PEDRO	Y venga con vos.
FABIA	¿Quién es
	la señora doña Inés,
	que con el Señor se casa?
	¿Quién es aquella que ya
	tiene su esposo elegida, 1415
	y como a prenda querida
	estos impulsos le da?
PEDRO	Madre honrada, esta que veis,
	y yo su padre.
FABIA	Que sea
	muchos años, y ella vea 1420
	el dueño que vos no veis.
	Aunque en el Señor espero
	que os ha de obligar piadoso

---

* *antojos:* anteojos.
1413 En todo el diálogo que sigue Lope aplica diestramente lo teori-
zado en el *Arte Nuevo*, 319-326: «El engañar con la verdad es cosa / que
ha parecido bien, como lo usaba / en todas sus comedias Miguel Sánchez, / digno por la invención de esta memoria; / siempre el hablar
equívoco ha tenido / y aquella incertidumbre anfibológica / gran lugar
en el vulgo, porque piensa / que él sólo entiende lo que el otro dice».
1414 Entiéndase: 'aquella a la que ya...'.

	a que acetéis tal esposo,	
	que es muy noble caballero.	1425
PEDRO	Y ¡cómo, madre, si lo es!	
FABIA	Sabiendo que anda a buscar	
	quien venga a morigerar	
	los verdes años de Inés,	
	quien la guíe, quien la muestre	1430
	las sémitas del Señor,	
	y al camino del amor	
	como a principianta adiestre,	
	hice oración, en verdad,	
	y tal impulso me dio,	1435
	que vengo a ofrecerme yo	
	para esta necesidad,	
	aunque soy gran pecadora.	
PEDRO	Esta es la mujer, Inés,	
	que has menester.	
INÉS	Esta es	1440
	la que he menester agora.	
	Madre, abrázame.	
FABIA	Quedito,	
	que el silicio me hace mal.	
PEDRO	No he visto humildad igual.	
LEONOR	En el rostro trae escrito	1445
	lo que tiene el corazón.	
FABIA	¡Oh, qué gracia! ¡Oh, qué belleza!	
	Alcance tu gentileza	
	mi deseo y bendición.	
	¿Tienes oratorio?	
INÉS	Madre,	1450
	comienzo a ser buena agora.	

1442 *quedito*: cfr. 793, n.

1431 Explica el latinismo *(semita* 'senda') la atracción de la fórmula bíblica: «Domine..., semitas tuas edoce me» *(Salmos*, 24,4), etc.

1433 *adestrar*: llevar de la diestra.

1443 «Algunos escriben *silicio* [abundan los ejemplos en el Siglo de Oro], pero no bien, respecto de venir del latino *cilicium*» *(Autoridades)*.

FABIA	Como yo soy pecadora,
	estoy temiendo a tu padre.
PEDRO	No le pienso yo estorbar
	tan divina vocación.	1455
FABIA	En vano, infernal dragón,
	la pensabas devorar.
	No ha de casarse en Medina:
	monasterio tiene Olmedo;
	Domine, si tanto puedo,	1460
	ad iuvandum me festina.
PEDRO	Un ángel es la mujer.

Sale TELLO, *de gorrón* *.

TELLO	Si con sus hijas está,
	yo sé que agradecerá
	que yo me venga a ofrecer.	1465
	El maestro que buscáis
	está aquí, señor don Pedro,
	para latín y otras cosas,
	que dirá después su efeto.
	Que buscáis un estudiante	1470
	en la iglesia me dijeron,
	porque ya desta señora
	se sabe el honesto intento.
	Aquí he venido a serviros,
	puesto que soy forastero,	1475
	si valgo para enseñarla.
PEDRO	Ya creo y tengo por cierto,

1459 Lope conocería el monasterio de La Mejorada (cfr. arriba, páginas 36-42), pero la alusión, obviamente jocosa, no se refiere a él, ni menos toma en cuenta el dato recogido por Ambrosio de Morales en su *Viaje a los reinos de León...* (1572): «los frailes han dado la capilla mayor a unos caballeros de Olmedo, que tienen [ahí] su enterramiento...»

1461 De los *Salmos*, 69,2: 'Señor, apresúrate a auxiliarme.'

* *gorrón, capigorrón*, estudiante pobre (por la capa y gorra que solían llevar, frente al manteo y bonete de los ricos).

1469 *dirá*: el verbo va en singular porque cuanto antecede se ve como una sola cosa: '(todo ello) dirá...'.

1475 *puesto que*: con valor adversativo, 'aunque'.

	viendo que todo se junta,	
	que fue voluntad del cielo.	
	En casa puede quedarse	1480
	la madre, y este mancebo	
	venir a darte lición.	
	Concertadlo, mientras vuelvo.	
	¿De dónde es, galán?	
TELLO	Señor, soy calahorreño.	1485
PEDRO	¿Su nombre?	
TELLO	Martín Peláez.	
PEDRO	Del Cid debe de ser deudo.	
	¿Dónde estudió?	
TELLO	En La Coruña,	
	y soy por ella maestro.	
PEDRO	¿Ordenóse?	
TELLO	Sí, señor,	1490
	de vísperas.	
PEDRO	Luego vengo.	
TELLO	¿Eres Fabia?	
FABIA	¿No lo ves?	
LEONOR	Y ¿tú Tello?	
INÉS	¡Amigo Tello!	
LEONOR	¿Hay mayor bellaquería?	
INÉS	¿Qué hay de don Alonso?	
TELLO	¿Puedo	1495
	fiar de Leonor?	

1484 Faltan dos sílabas. Vid. arriba, pág. 86.

1486 Así se llama, en derivados tardíos del *Cantar del Cid* y en romances cronísticos, cierto personaje «que, de cobarde que era, llegó a ser uno de los más valientes compañeros del Campeador» (R. Menéndez Pidal); cfr. *La Gatomaquia*, IV, 162-163: «ni por Martín Peláez, / que del Cid heredó la valentía...». La leyenda (así, por ejemplo, en el *Liber facetiarum* de Luis de Pinedo, de hacia 1550-1560) contaba que el Cid, en un desafío, ganó a Calahorra para el rey; quizá ello contribuya a explicar la asociación de ideas en 1485-87.

1491 El *ordenado de vísperas* debe rezar esta hora del oficio eclesiástico; Tello, claro es, siempre ha estado «en vísperas» de ordenarse, sin hacerlo nunca; y es maestro por La Coruña, donde jamás hubo Universidad.

INÉS	Bien puedes.
LEONOR	Agraviara Inés mi pecho
	y mi amor, si me tuviera
	su pensamiento encubierto.
TELLO	Señora, para servirte,
	está don Alonso bueno;
	para las fiestas de mayo,
	tan cerca ya, previniendo
	galas, caballos, jaeces,
	lanza y rejones; que pienso
	que ya le tiemblan los toros.
	Una adarga habemos hecho,
	si se conciertan las cañas,
	como de mi raro ingenio.
	Allá la verás, en fin.
INÉS	¿No me ha escrito?
TELLO	Soy un necio.
	Esta, señora, es la carta.
INÉS	Bésola de porte y leo.

INÉS   Bien puedes.
LEONOR   Agraviara Inés mi pecho
         y mi amor, si me tuviera
         su pensamiento encubierto.
TELLO   Señora, para servirte,   1500
         está don Alonso bueno;
         para las fiestas de mayo,
         tan cerca ya, previniendo
         galas, caballos, jaeces,
         lanza y rejones; que pienso   1505
         que ya le tiemblan los toros.
         Una adarga habemos hecho,
         si se conciertan las cañas,
         como de mi raro ingenio.
         Allá la verás, en fin.   1510
INÉS   ¿No me ha escrito?
TELLO   Soy un necio.
         Esta, señora, es la carta.
INÉS   Bésola de porte y leo.

         DON PEDRO *vuelve.*

PEDRO   Pues pon el coche, si está
         malo el alazán. ¿Qué es esto?   ·1515
TELLO   Tu padre. Haz que lees, y yo
         haré que latín te enseño.
         Dominus...
INÉS   *Dominus...*
TELLO   Diga.
INÉS   ¿Cómo más?
TELLO   *Dominus meus.*
INÉS   *Dominus meus.*
TELLO   Ansí,   1520
         poco a poco irá leyendo.

_____

1507 *adarga:* 'escudo de cuero o ante, para embrazar', usado en los *juegos de cañas,* diversión caballeresca en que los participantes, en cuadrillas, se acometían con cañas (cfr. la descripción de *El maestro de danzar,* I).

1513 El *porte* lo pagaban los destinatarios.

PEDRO	¿Tan presto tomas lición?	
INÉS	Tengo notable deseo.	
PEDRO	Basta; que a decir, Inés,	
	me envía el Ayuntamiento	1525
	que salga a las fiestas yo.	
INÉS	Muy discretamente han hecho,	
	pues viene a la fiesta el Rey.	
PEDRO	Pues sea, con un concierto:	
	que has de verlas con Leonor.	1530
INÉS	Madre, dígame si puedo	
	verlas sin pecar.	
FABIA	Pues ¿no?	
	No escrupulices en eso,	
	como algunos, tan mirlados,	
	que piensan, de circunspectos,	1535
	que en todo ofenden a Dios,	
	y olvidados de que fueron	
	hijos de otros, como todos,	
	cualquiera entretenimiento	
	que los trabajos olvide	1540
	tienen por notable exceso.	
	Y aunque es justo moderarlos,	
	doy licencia, por lo menos	
	para estas fiestas, por ser	
	iugatoribus paternus.	1545
PEDRO	Pues vamos, que quiero dar	
	dineros a tu maestro,	
	y a la madre para un manto.	
FABIA	A todos cubra el del cielo.	
	Y vos, Leonor, ¿no seréis	1550
	como vuestra hermana presto?	
LEONOR	Sí, madre, porque es muy justo	
	que tome tan santo ejemplo.	

[1526] *salga a las fiestas:* 'participe o intervenga en ellas', pero probablemente aquí con el valor adicional de 'ocupándome en organizarlas'.
[1529] *concierto:* acuerdo.
[1534] *mirlado:* compuesto, afectado (sobre todo el que aparenta bondad); cfr. 1701.

Sale el rey Don Juan, *con acompañamiento,*
y el Condestable

Rey	No me traigáis al partir	
	negocios que despachar.	1555
Cond.	Contienen sólo firmar;	
	no has de ocuparte en oír.	
Rey	Decid con mucha presteza.	
Cond.	¿Han de entrar?	
Rey	Ahora no.	
Cond.	Su Santidad concedió	1560
	lo que pidió Vuestra Alteza	
	por Alcántara, señor.	
Rey	Que mudase le pedí	
	el hábito, porque ansí	
	pienso que estará mejor.	1565
Cond.	Era aquel traje muy feo.	
Rey	Cruz verde pueden traer.	
	Mucho debo agradecer	
	al Pontífice el deseo	
	que de nuestro aumento muestra,	1570
	con que irán siempre adelante	
	estas cosas del Infante	
	en cuanto es de parte nuestra.	
Cond.	Éstas son dos provisiones,	
	y entrambas notables son.	1575
Rey	¿Qué contienen?	

[1545] Si el texto no está corrompido, las palabras de Fabia, estrictamente, carecen de significado; pero *iugatoribus* evoca 'juegos, jugadores' (de cañas), y *paternus*, claro es, 'padre'.

[1564] «El Maestre y caballeros de la Orden de Alcántara traían por hábito un capirote vestido, con una chía ['una especie de beca'] tan ancha como una mano y larga de palmo y medio»; y fue en realidad el infante don Fernando de Antequera, en 1411, quien «envió suplicar... que Su Santidad pluguiese mudarles el hábito e mandase que dejasen los capirotes y trajesen cruces verdes, como los de Calatrava las traían coloradas» *(Crónica de Juan II*, año V [1411], cap. 21).

[1572] Quizá aluda al Compromiso de Caspe (1410-1412); quizá se haga cargo de la citada súplica del Infante al Papa Luna. Como se observará, la cronología y el fondo histórico no son demasiado firmes.

COND.   La razón
           de diferencia que pones
              entre los moros y hebreos
           que en Castilla han de vivir.
REY   Quiero con esto cumplir,   1580
           Condestable, los deseos
              de fray Vicente Ferrer,
           que lo ha deseado tanto.
COND.   Es un hombre docto y santo.
REY   Resolví con él ayer   1585
              que en cualquiera reino mío
           donde mezclados están,
           a manera de gabán
           traiga un tabardo el judío
              con una señal en él,   1590
           y un verde capuz el moro.
           Tenga el cristiano el decoro
           que es justo: apártese dél;
              que con esto tendrán miedo
           los que su nobleza infaman.   1595
COND.   A don Alonso, que llaman
           «el Caballero de Olmedo»,
              hace Vuestra Alteza aquí
           merced de un hábito.
REY   Es hombre
           de notable fama y nombre.   1600
           En esta villa le vi

_____

1593 «Y entre muchas cosas que este santo fraile [San Vicente] amonestó en sus predicaciones, suplicó al Rey [menor aún] e a la Reina [Catalina de Lancaster] e al Infante que en todas las cibdades e villas de sus reinos mandasen apartar los judíos e moros, porque de su continua conversación con los cristianos se seguían grandes daños»; doña Catalina, el 12 de enero de 1412, en Valladolid, así, «ordenó que los judíos trajesen tabardos con una señal bermeja e los moros capuces verdes con una luna clara» *(ibidem,* cap. 22).

1595 *su nobleza infaman* o se deshonran tratándose con moros y judíos.

1599 *hábito* de una de las Órdenes Militares, entre cuyas dignidades y prebendas se contaba la *encomienda* (1609), dotada de tierras y rentas.

	cuando se casó mi hermana.	
COND.	Pues pienso que determina,	
	por servirte, ir a Medina	
	a las fiestas de mañana.	1605
REY	Decidle que fama emprenda	
	en el arte militar,	
	porque yo le pienso honrar	
	con la primera encomienda.	

Vanse.

Sale DON ALONSO.

ALONSO	¡Ay, riguroso estado,	1610
	ausencia mi enemiga,	
	que dividiendo el alma	
	puedes dejar la vida!	
	¡Cuán bien por tus efetos	
	te llaman muerte viva,	1615
	pues das vida al deseo	
	y matas a la vista!	
	¡Oh, cuán piadosa fueras,	
	si al partir de Medina	
	la vida me quitaras	1620
	como el alma me quitas!	

1602 Ni María ni Catalina, hijas de Enrique III, se casaron en Valladolid (donde al parecer se desarrolla esta escena); pero en el mismo 1418, «estando allí en Medina [cfr. 854 n.], fue fablado entre los grandes... se ficiese casamiento de cualquier de los Infantes, fijos del Rey de Aragón, con la infante doña Catalina, hermana del Rey; lo cual fue así acordado, y asentado que el infante don Enrique casase con la dicha... Catalina» (Barrientos, *Refundición*, XI).

1610 El romancillo siguiente figura en *La Dorotea* (III, 4), en versión mucho más amplia y con diversas variantes (recojo las más pertinentes, precedidas de la sigla *D*).

1611 *D* «ausencia fementida».

1613 El concepto se formula más expresa y largamente en 2178 y ss.; vid. nota a 2179.

1617 *a la vista:* quizá 'a ojos vista, manifiestamente'; pero el paralelismo con 1616 no permite descartar que el verso signifique: 'tú, ausencia, privando de ver a la amada, destruyes ese único ejercicio valioso del sentido de la vista' (cfr. 256 n.).

1619 *D* «si en aquesta partida».

1621 *D* trae cuatro versos más.

En ti, Medina, vive
aquella Inés divina,
que es honra de la corte
y gloria de la villa.   1625
Sus alabanzas cantan
las aguas fugitivas,
las aves, que la escuchan,
las flores, que la imitan.
Es tan bella, que tiene   1630
envidia de sí misma,
pudiendo estar segura
que el mismo sol la envidia;
pues no la ve más bella,
por su dorada cinta,   1635
ni cuando viene a España,
ni cuando va a las Indias.
Yo merecí quererla.
¡Dichosa mi osadía!,
que es merecer sus penas   1640
calificar mis dichas.
Cuando pudiera verla,
adorarla y servirla,
la fuerza del secreto
de tanto bien me priva.   1645
Cuando mi amor no fuera
de fe tan pura y limpia,
las perlas de sus ojos
mi muerte solicitan.
Llorando por mi ausencia   1650
Inés quedó aquel día,
que sus lágrimas fueron
de sus palabras firma.

1623 *D* «Una pastora vive / de partes tan divinas.»

1635 Quiere decir: 'en todo su camino'.

1637 Nótese el anacronismo; el romancillo, pues, quizá sea anterior a la comedia. *D* añade cuatro versos.

1644 *D* «Cuando seguro estaba / de verla y de servirla, / la poderosa fuerza».

1647 Como 1649 y 1658, este verso se aprovecha en *D*.

	Bien sabe aquella noche	
	que pudiera ser mía.	1655
	Cobarde amor, ¿qué aguardas,	
	cuando respetos miras?	
	¡Ay, Dios, qué gran desdicha,	
	partir el alma y dividir la vida!	

Sale TELLO.

TELLO   ¿Merezco ser bien llegado?   1660

ALONSO   No sé si diga que sí,
que me has tenido sin mí
con lo mucho que has tardado.

TELLO   Si por tu remedio ha sido,
¿en qué me puedes culpar?   1665

ALONSO   ¿Quién me puede remediar,
si no es a quien yo le pido?
¿No me escribe Inés?

TELLO   Aquí
te traigo cartas de Inés.

ALONSO   Pues hablarásme después   1670
en lo que has hecho por mí.

Lea.

«Señor mío, después que os partistes *
no he vivido; que sois tan cruel, que aun
no me dejáis vida cuando os vais».

TELLO   ¿No lees más?

ALONSO   No.

TELLO   ¿Por qué?

ALONSO   Porque manjar tan süave
de una vez no se me acabe.
Hablemos de Inés.

1667 *a quien:* cfr. 86 n.; *le:* cfr. 175 n., y entiéndase 'aquel a quien yo
pido *remedio*' (1664), mejor que 'a quien yo le pido que me remedie'.

1671 *hablar en:* cfr. 754 n. y 2125.

   * *partistes:* la forma en *-es* de la segunda persona del plural del
indefinido es la etimológica; la moderna en *-eis*, analógica, no es rara
en los siglos XVI y XVII (cfr. 1687: *dejasteis*), pero no se generalizó sino
tardíamente. El empleo del *vos* —en vez de *tú*— subraya el tomo lite-
rariamente elaborado de la carta de Inés.

TELLO   Llegué   1675
              con media sotana y guantes,
              que parecía de aquellos
              que hacen en solos los cuellos
              ostentación de estudiantes.
                    Encajé salutación,   1680
              verbosa filatería,
              dando a la bachillería
              dos piensos de discreción;
                    y volviendo el rostro, vi
              a Fabia...

ALONSO   Espera, que leo   1685
              otro poco; que el deseo
              me tiene fuera de mí.

              Lea.

              «Todo lo que dejastes ordenado se hizo;
              sólo no se hizo que viviese yo sin vos,
              porque no lo dejasteis ordenado».

TELLO   ¿Es aquí contemplación?
ALONSO   Dime cómo hizo Fabia
              lo que dice Inés.

TELLO   Tan sabia   1690
              y con tanta discreción,
                    melindre y hipocresía,
              que me dieron que temer
              algunos que suelo ver

[1679] Los lujosos cuellos apanalados o abiertos (no los de «valona
a lo estudiantil, sin almidón y sin randas»; *Quijote*, II, 18) estaban pro-
hibidos a los estudiantes (y desde 1623, a todos). «¿Podré entrar? / —Sí,
pero el cuello quitado, / como estudiante» (*La doncella Teodor*, I).

[1681] *filatería*: «deste término usamos para dar a entender el tropel
de palabras que un hablador embaucador ensarta y enhila para enga-
ñarnos y persuadirnos lo que quiere» (Covarrubias); de *filactería*,
'entre los judíos, cierto rollo con inscripciones bíblicas'.

[1683] *dar un pienso* (propiamente 'ración de alimento para el ganado')
aún se usa ocasionalmente, con el sentido de 'dar una lección, hacer
alarde de saber o habilidad, para deslumbrar a uno'.

[1688] Es decir: '¿es al llegar aquí cuando toca quedarse arrobado, como
en divina contemplación?'

cabizbajos todo el día.   1695
    De hoy más quedaré advertido
de lo que se ha de creer
de una hipócrita mujer
y un ermitaño fingido.
    Pues si me vieras a mí   1700
con el semblante mirlado,
dijeras que era traslado
de un reverendo alfaquí.
    Creyóme el viejo, aunque en él
se ve de un Catón retrato.   1705

ALONSO   Espera, que ha mucho rato
que no he mirado el papel.

Lea.

«Daos prisa a venir, para que sepáis
cómo quedo cuando os partís y cómo
estoy cuando volvéis».

TELLO   ¿Hay otra estación aquí?
ALONSO   En fin, tú hallaste lugar
para entrar y para hablar.   1710
TELLO   Estudiaba Inés en ti;
    que eras el latín, señor,
y la lición que aprendía.
ALONSO   Leonor ¿qué hacía?
TELLO   Tenía
envidia de tanto amor,   1715
    porque se daba a entender
que de ser amado eres
digno: que muchas mujeres
quieren porque ven querer;
    que en siendo un hombre querido 1720
de alguna con grande afecto,

1705 *Catón*, por lo grave y serio.
1708 *estación:* para orar o arrobarse en la *contemplación* (cfr. 1688),
como en las visitas a las iglesias, por Semana Santa *(andar las esta-
ciones)*, o el Vía Crucis.
1716 *se daba a entender:* se daba cuenta, iba comprendiendo.
1721 *afecto:* cfr. 9 n.

	piensan que hay algún secreto	
	en aquel hombre escondido;	
	y engáñanse, porque son	
	correspondencias de estrellas.	1725
ALONSO	Perdonadme, manos bellas,	
	que leo el postrer renglón.	

Lea.

«Dicen que viene el Rey a Medina,
y dicen verdad, pues habéis de venir vos,
que sois rey mío».
    Acabóseme el papel.

TELLO	Todo en el mundo se acaba.	
ALONSO	Poco dura el bien.	
TELLO	En fin,	1730
	le has leído por jornadas.	
ALONSO	Espera, que aquí a la margen	
	vienen dos o tres palabras.	

Lea.

	«Poneos esa banda al cuello.	
	¡Ay, si yo fuera la banda!»	1735
TELLO	¡Bien dicho, por Dios, y entrar	
	con doña Inés en la plaza!	
ALONSO	¿Dónde está la banda, Tello?	
TELLO	A mí no me han dado nada.	
ALONSO	¿Cómo no?	
TELLO	Pues ¿qué me has dado?	1740
ALONSO	Ya te entiendo: luego saca	
	a tu elección un vestido.	
TELLO	Ésta es la banda.	
ALONSO	Estremada.	
TELLO	Tales manos la bordaron.	

[1725] Cfr. 218 n.

[1734] *banda:* de las que solían lucir los caballeros, en fiestas y pasos de armas, y que a menudo llevaban colores o empresas alusivos a sus damas, o bien eran regalo de ellas.

[1739] Tello posiblemente finge haber oído en «ban*da*» un uso del verbo *dar:* «ban*da*/me h*an da*do».

[1742] Era corriente recompensar los servicios de los criados con la ropa de los amos.

ALONSO	Demos orden que me parta.	1745
	Pero ¡ay, Tello!	
TELLO	¿Qué tenemos?	
ALONSO	De decirte me olvidaba	
	unos sueños que he tenido.	
TELLO	¿Agora en sueños reparas?	
ALONSO	No los creo, claro está,	1750
	pero dan pena.	
TELLO	Eso basta.	
ALONSO	No falta quien llama a algunos	
	revelaciones del alma.	
TELLO	¿Qué te puede suceder	
	en una cosa tan llana	1755
	como quererte casar?	
ALONSO	Hoy, Tello, al salir el alba,	
	con la inquietud de la noche,	
	me levanté de la cama,	
	abrí la ventana aprisa,	1760
	y, mirando flores y aguas	
	que adornan nuestro jardín,	
	sobre una verde retama	
	veo ponerse un jilguero,	
	cuyas esmaltadas alas	1765
	con lo amarillo añadían	
	flores a las verdes ramas.	
	Y estando al aire trinando	
	de la pequeña garganta	
	con naturales pasajes	1770
	las quejas enamoradas,	
	sale un azor de un almendro,	
	adonde escondido estaba,	
	y como eran en los dos	
	tan desiguales las armas,	1775
	tiñó de sangre las flores,	

1753 Era opinión común, ya expresada en los tratados de Hipócrates. No menos tradicional es que la materia del sueño présago sea la lucha entre dos aves de diversa envergadura (1764 sigs.).

1770 *pasaje:* tránsito de una voz o tono a otro u otro.

plumas al aire derrama.
Al triste chillido, Tello,
débiles ecos del aura
respondieron, y, no lejos,   1780
lamentando su desgracia,
su esposa, que en un jazmín
la tragedia viendo estaba.
Yo, midiendo con los sueños
estos avisos del alma,   1785
apenas puedo alentarme;
que con saber que son falsas
todas estas cosas, tengo
tan perdida la esperanza,
que no me aliento a vivir.   1790

TELLO   Mal a doña Inés le pagas
aquella heroica firmeza
con que atrevida contrasta
los golpes de la fortuna.
Ven a Medina y no hagas   1795
caso de sueños ni agüeros,
cosas a la fe contrarias.
Lleva el ánimo que sueles,
caballos, lanzas y galas,
mata de envidia los hombres,   1800
mata de amores las damas.
Doña Inés ha de ser tuya,
a pesar de cuantos tratan
dividiros a los dos.

ALONSO   Bien dices, Inés me aguarda: 1805
vamos a Medina alegres.
Las penas anticipadas
dicen que matan dos veces,
y a mí sola Inés me mata,
no como pena, que es gloria.   1810

TELLO   Tú me verás en la plaza
hincar de rodillas toros
delante de sus ventanas.

FIN DEL SEGUNDO ACTO DEL *CABALLERO DE OLMEDO*

ACTO TERCERO

PERSONAS DEL ACTO TERCERO

DON FERNANDO	DOÑA LEONOR
DON RODRIGO	CRIADO MENDO
DON PEDRO	UNA SOMBRA
DON ALONSO	UN LABRADOR
EL REY	FABIA
EL CONDESTABLE	TELLO
DOÑA INÉS	

Suenen atabales y entren con lacayos
y rejones* DON RODRIGO *y* DON FERNANDO.

RODR.	Poca dicha.	
FERN.	Malas suertes.	
RODR.	¡Qué pesar!	
FERN.	¡Qué se ha de hacer!	1815
RODR.	Brazo, ya no puede ser	
	que en servir a Inés aciertes.	
FERN.	Corrido estoy.	
RODR.	Yo, turbado.	
FERN.	Volvamos a porfiar.	

---

* *atabal:* especie de timbal o tambor.
1814 *suertes* taurinas (cfr. 1823, 1862, 1878).
1818 *correrse:* avergonzarse.

RODR.	Es imposible accrtar	1820
	un hombre tan desdichado.	
	Para el de Olmedo, en efeto,	
	guardó suertes la fortuna.	
FERN.	No ha errado el hombre ninguna.	
RODR.	Que la ha de errar os prometo.	1825
FERN.	Un hombre favorecido,	
	Rodrigo, todo lo acierta.	
RODR.	Abrióle el amor la puerta,	
	y a mí, Fernando, el olvido.	
	Fuera desto, un forastero	1830
	luego se lleva los ojos.	
FERN.	Vos tenéis justos enojos.	
	Él es galán caballero,	
	mas no para escurecer	
	los hombres que hay en Medina.	1835
RODR.	La patria me desatina;	
	mucho parece mujer	
	en que lo propio desprecia	
	y de lo ajeno se agrada.	
FERN.	De siempre ingrata culpada	1840
	son ejemplos Roma y Grecia.	

Dentro, ruido de pretales* y voces.

HOMBRE 1.	¡Brava suerte!	
HOM. 2		¡Con qué gala
	quebró el rejón!	
FERN.		¿Qué aguardamos?
	Tomemos caballos.	

1831 *luego:* al punto, en seguida.

1840 Entiéndase: 'de haber sido siempre culpada de ingrata...'.

1841 Pensaría Lope posiblemente en los *Facta et dicta memorabilia*, III («De ingratis romanorum», «De ingratis externorum»), de Valerio Máximo, y en otras colecciones más o menos de su estilo, antiguas o modernas (cfr. sólo Pedro Mexía, *Silva de varia lección*, II, 21), en que se amontonan ejemplos de la ingratitud de la patria.

* *pretales:* correas que ciñen a las cabalgaduras.

1843 Lope (que por cierto no era muy taurófilo) explica cómo se quiebra un rejón con galanura en *La competencia en los nobles*, III.

RODR.	Vamos.	
Hom. 1.	Nadie en el mundo le iguala.	1845
FERN.	¿Oyes esa voz?	
RODR.	No puedo	
	sufrirlo.	
FERN.	Aún no lo encareces.	
Hom. 2.	¡Vítor setecientas veces	
	el Caballero de Olmedo!	
RODR.	¿Qué suerte quieres que aguarde,	1850
	Fernando, con estas voces?	
FERN.	Es vulgo, ¿no le conoces?	
Hom. 1.	Dios te guarde, Dios te guarde.	
RODR.	¿Qué más dijeran al Rey?	
	Mas bien hacen: digan, rueguen	1855
	que hasta el fin sus dichas lleguen.	
FERN.	Fue siempre bárbara ley	
	seguir aplauso vulgar	
	las novedades.	
RODR.	Él viene	
	a mudar caballo.	
FERN.	Hoy tiene	1860
	la fortuna en su lugar.	

Salen TELLO, *con rejón y librea,*
y DON ALONSO.

TELLO	¡Valientes suertes, por Dios!	
ALONSO	Dame, Tello, el alazán.	
TELLO	Todos el lauro nos dan.	
ALONSO	¿A los dos, Tello?	
TELLO	A los dos;	1865
	que tú a caballo, y yo a pie,	
	nos habemos igualado.	
ALONSO	¡Qué bravo, Tello, has andado!	
TELLO	Seis toros desjarreté,	

1848 *¡vítor!:* ¡bravo, viva!

1869 *desjarretar:* matar al toro cortándole las piernas por los jarretes, mediante una pica con cuchilla en forma de media luna.

179

	como si sus piernas fueran	1870
	rábanos de mi lugar.	
FERN.	Volvamos, Rodrigo, a entrar,	
	que por dicha nos esperan,	
	aunque os parece que no.	
RODR.	A vos, don Fernando, sí;	1875
	a mí no, si no es que a mí	
	me esperan para que yo	
	haga suertes que me afrenten,	
	o que algún toro me mate	
	o me arrastre o me maltrate	1880
	donde con risa lo cuenten.	

Vanse los dos.

TELLO	Aquéllos te están mirando.	
ALONSO	Ya los he visto envidiosos	
	de mis dichas, y aun celosos	
	de mirarme a Inés mirando.	1885
TELLO	¡Bravos favores te ha hecho	
	con la risa!: que la risa	
	es lengua muda que avisa	
	de lo que pasa en el pecho.	
	No pasabas vez ninguna,	1890
	que arrojar no se quería	
	del balcón.	
ALONSO	¡Ay, Inés mía!	
	¡Si quisiese la fortuna	
	que a mis padres les llevase	
	tal prenda de sucesión!	1895
TELLO	Sí harás, como la ocasión	
	deste don Rodrigo pase;	

1895 *prenda de* que Inés iba a darles digna *sucesión*.

1896 «*Si* en su sentido etimológico ['así'] era todavía usual en el siglo XIV; pero ya en el siglo XII era más usual emplear esta forma acompañando a un verbo, como perífrasis afirmativa *(si fago, si quiero,* y análogas, propiamente 'hago así como dices'), y luego abreviando tomo *si* por sí solo el valor de partícula afirmativa» (J. Corominas). Entiéndase: 'Así será, en cuanto el mal trance...' (o, con M. Morreale, cambiando la puntuación: 'harás como...', 'lograrás que...').

porque satisfecho estoy
de que Inés por ti se abrasa.
ALONSO   Fabia se ha quedado en casa;   1900
mientras una vuelta doy
a la plaza, ve corriendo
y di que esté prevenida
Inés, porque en mi partida
la pueda hablar, advirtiendo   1905
que, si esta noche no fuese
a Olmedo, me han de contar
mis padres por muerto: y dar
ocasión, si no los viese,
a esta pena, no es razón;   1910
tengan buen sueño, que es justo.
TELLO   Bien dices: duerman con gusto,
pues es forzosa ocasión
de temer y de esperar.
ALONSO   Yo entro.

Vase don Alonso.

TELLO   Guárdete el cielo.   1915
Pues puedo hablar sin recelo,
a Fabia quiero llegar.
Traigo cierto pensamiento
para coger la cadena
a esta vieja, aunque con pena   1920
de su astuto entendimiento.
No supo Circe, Medea,
ni Hécate, lo que ella sabe;
tendrá en el alma una llave
que de treinta vueltas sea.   1925

1898 *satisfecho estoy:* cfr. 1349 n.
1914 Por si algo malo le ocurre a don Alonso en los toros.
1920 *con pena:* 'so pena, exponiéndome a la pena...'; o, si no, 'con temor...'
1923 Las tres, hechiceras mitológicas.
1925 Con sentido análogo, todavía se usa la expresión «tener (ser) uno (de) muchas vueltas».

                    Mas no hay maestra mejor
                que decirle que la quiero,
                que es el remedio primero
                para una mujer mayor;
                    que con dos razones tiernas   1930
                de amores y voluntad,
                presumen de mocedad
                y piensan que son eternas.
                    Acabóse. Llego, llamo.
                Fabia... Pero soy un necio;   1935
                que sabrá que el oro precio
                y que los años desamo,
                    porque se lo ha de decir
                el de las patas de gallo.

                Sale FABIA.

FABIA   ¡Jesús, Tello! ¿Aquí te hallo?   1940
          ¡Qué buen modo de servir
              a don Alonso! ¿Qué es esto?
          ¿Qué ha sucedido?

TELLO   No alteres
          lo venerable, pues eres
          causa de venir tan presto;   1945
              que por verte anticipé
          de don Alonso un recado.

FABIA   ¿Cómo ha andado?

TELLO   Bien ha andado,
          porque yo le acompañé.

FABIA   ¡Estremado fanfarrón!   1950

TELLO   Pregúntalo al Rey, verás
          cuál de los dos hizo más;
          que se echaba del balcón
              cada vez que yo pasaba.

FABIA   ¡Bravo favor!

1926 llave *maestra*.
1939 «Dimuños son... / ¿No ves los pies de gallo por debajo?» (*Las famosas asturianas*, II).

TELLO	Más quisiera	1955
	los tuyos.	
FABIA	¡Oh, quién te viera!	
TELLO	Esa hermosura bastaba	

para que yo fuera Orlando.
¿Toros de Medina a mí?
¡Vive el cielo!, que les di   1960
reveses, desjarretando,
    de tal aire, de tal casta,
en medio del regocijo,
que hubo toro que me dijo:
«Basta, señor Tello, basta».   1965
    «No basta», le dije yo,
y eché de un tajo volado
una pierna en un tejado.

FABIA   Y ¿cuántas tejas quebró?
TELLO   Eso al dueño, que no a mí.   1970

Dile, Fabia, a tu señora,
que ese mozo que la adora
vendrá a despedirse aquí;
    que es fuerza volverse a casa,
porque no piensen que es muerto   1975
sus padres. Esto te advierto.
Y porque la fiesta pasa
    sin mí, y el Rey me ha de echar
menos —que en efecto soy
su toricida—, me voy   1980
a dar materia al lugar
    de vítores y de aplauso,
si me das algún favor.

FABIA   ¿Yo favor?
TELLO   Paga mi amor.
FABIA   ¿Que yo tus hazañas causo?   1985

1958 Recuérdese el poema de Lope sobre *La hermosura de Angélica*, Madrid, 1602.

1967 *tajo volado* es tecnicismo de la esgrima.

1978 *echar menos*, 'echar de menos', fue primero un portuguesismo (< *achar menos*), frente a la forma castiza *hallar menos*.

1985 *que* al principio de una interrogativa «implica normalmente

	Basta, que no lo sabía.	
	¿Qué te agrada más?	
TELLO	Tus ojos.	
FABIA	Pues daréte sus antojos.	
TELLO	Por caballo, Fabia mía,	
	quedo confirmado ya.	1990
FABIA	Propio favor de lacayo.	
TELLO	Más castaño soy que bayo.	
FABIA	Mira cómo andas allá,	
	que esto de *ne nos inducas*	
	suelen causar los refrescos:	1995
	no te quite los greguescos	
	algún mozo de San Lucas;	
	que será notable risa,	
	Tello, que, donde lo vea	
	todo el mundo, un toro sea	2000
	sumiller de tu camisa.	
TELLO	Lo atacado y el cuidado	
	volverán por mi decoro.	

---

que la pregunta se deduce de una observación anterior» (H. Keniston); Tello ha fingido dar por supuesto que es el *amor* por Fabia el que le ha impulsado a realizar tales *hazañas* y el que las ha hecho posibles; son las supervivencias del código del amor cortés, con su compleja casuística.

1989 Recuérdese que las caballerías suelen llevar anteojeras.

1992 Compárese el refrán «El castaño oscuro, corre por lo blando y por lo duro» (Correas), y la observación de Covarrubias: «no son para mucho trabajo los bayos, aunque para ruar con ellos son hermosos y vistosos»; cfr. 1389.

1994 Del *Padrenuestro* («et ne nos inducas in tentationem, sed libera nos a malo»).

1995 *refrescos*: al parecer, de *refrescar*, 'renovar una acción, volver a ella tras una pausa'. Es decir, si entiendo correctamente: 'ceder de nuevo a la tentación (volviendo a la plaza) puede acarrear que no te libres del mal (del toro); o bien: 'si vuelves a la plaza, puedes caer' *(ne nos inducas* se ha traducido tradicionalmente por 'no nos dejes caer').

1996 *greguescos*: una especie de calzones.

1997 Es decir, un toro (pues en el toro que el *Apocalipsis*, 4, 7, coloca junto al trono de Dios se ha visto tradicionalmente un símbolo de tal evangelista).

2001 *sumiller*: ayuda de cámara.

2002 *atacar*: abrochar la ropa.

2003 *volver por*: defender, reivindicar.

FABIA	Para un desgarro de un toro,	
	¿qué importa estar atacado?	2005
TELLO	Que no tengo a toros miedo.	
FABIA	Los de Medina hacen riza,	
	porque tienen ojeriza	
	con los lacayos de Olmedo.	
TELLO	Como ésos ha derribado,	2010
	Fabia, este brazo español.	
FABIA	¡Más que te ha de dar el sol	
	adonde nunca te ha dado!	

Ruido de plaza y grita, y digan dentro:

HOM. 1.	Cayó don Rodrigo.	
ALONSO	¡Afuera!	
HOM. 2.	¡Qué gallardo, qué animoso	2015
	don Alonso le socorre!	
HOM. 1.	Ya se apea don Alonso.	
HOM. 2.	¡Qué valientes cuchilladas!	
HOM. 1.	Hizo pedazos el toro.	

Salgan los dos, y DON ALONSO *teniéndole.*

ALONSO	Aquí tengo yo caballo;	2020
	que los vuestros van furiosos	
	discurriendo por la plaza.	
	Ánimo.	
RODR.	Con vos le cobro.	
	La caída ha sido grande.	
ALONSO	Pues no será bien que al coso	2025
	volváis; aquí habrá criados	
	que os sirvan, porque yo torno	
	a la plaza. Perdonadme,	

2007 *hacer riza:* destrozar.

2012 «*Más* con la partícula *que* se usa como interjección adversativa de enfado o poco aprecio» *(Autoridades)*, según apunta W. F. King [1972]. Donde le dará *el sol* a Tello no es en el *brazo* (2011), sino donde le tapan los *greguescos* (1997) y la *camisa* (2001); como señala B. W. Wardropper [1970], es reminiscencia de uno de los romances de don Bueso: «que donde nunca pudo/daba el sol de medio en medio».

porque cobrar es forzoso
el caballo que dejé.   2030

Vase, y sale DON FERNANDO.

FERN.   ¿Qué es esto? ¡Rodrigo, y solo!
          ¿Cómo estáis?
RODR.   Mala caída,
          mal suceso, malo todo;
          pero más deber la vida
          a quien me tiene celoso   2035
          y a quien la muerte deseo.
FERN.   ¡Que sucediese a los ojos
          del Rey y que viese Inés
          que aquel su galán dichoso
          hiciese el toro pedazos   2040
          por libraros!
RODR.   Estoy loco.
          No hay hombre tan desdichado,
          Fernando, de polo a polo.
          ¡Qué de afrentas, qué de penas,
          qué de agravios, qué de enojos,   2045
          qué de injurias, qué de celos,
          qué de agüeros, qué de asombros!
          Alcé los ojos a ver
          a Inés, por ver si piadoso
          mostraba el semblante entonces   2050
          que como un gran necio adoro;
          y veo que no pudiera
          mirar Nerón riguroso
          desde la torre Tarpeya
          de Roma el incendio, como   2055
          desde el balcón me miraba;
          y que luego, en vergonzoso

2043 *polo:* cfr. 2666 n.
2053 Entiéndase, 'tan *riguroso*'.
2054 «Mira Nero de Tarpeya / a Roma cómo se ardía», empieza un
romance ya recordado en *La Celestina*, I.

```
              clavel de púrpura fina
              bañado el jazmín del rostro,
              a don Alonso miraba,                        2060
              y que por los labios rojos
              pagaba en perlas el gusto
              de ver que a sus pies me postro,
              de la fortuna arrojado
              —y de la suya envidioso—.                   2065
              Mas ¡vive Dios que la risa,
              primero que la de Apolo
              alegre el Oriente y bañe
              el aire de átomos de oro,
              se le ha de trocar en llanto,               2070
              si hallo al hidalguillo loco
              entre Medina y Olmedo!
FERN.         Él sabrá ponerse en cobro.
RODR.         Mal conocéis a los celos.
FERN.         ¿Quién sabe que no son monstruos?           2075
              Mas lo que ha de importar mucho
              no se ha de pensar tan poco.


              Salen el REY, el CONDESTABLE y criados.


REY              Tarde acabaron las fiestas;
              pero ellas han sido tales,
              que no las he visto iguales.                2080
COND.         Dije a Medina que aprestas
                 para mañana partir;
              mas tiene tanto deseo
              de que veas el torneo
              con que te quiere servir,                   2085
                 que me ha pedido, Señor,
              que dos días se detenga
              Vuestra Alteza.
```

2073 *en cobro:* 'en salvo' (Correas).
2075 Cfr. 1360 y ss. Recuérdese el subtítulo de *El Tetrarca de Jerusalén*, de Calderón: *El mayor monstruo, los celos.*

REY	Cuando venga,	
	pienso que será mejor.	
COND.	Haga este gusto a Medina	2090
	Vuestra Alteza.	
REY	Por vos sea,	
	aunque el Infante desea	
	—con tanta prisa camina—	
	estas vistas de Toledo	
	para el día concertado.	2095
COND.	Galán y bizarro ha estado	
	el caballero de Olmedo.	
REY	¡Buenas suertes, Condestable!	
COND.	No sé en él cuál es mayor,	
	la ventura o el valor,	2100
	aunque es el valor notable.	
REY	Cualquiera cosa hace bien.	
COND.	Con razón le favorece	
	Vuestra Alteza.	
REY	Él lo merece	
	y que vos le honréis también.	2105

Vanse, y salen DON ALONSO *y* TELLO, *de noche.*

TELLO	Mucho habemos esperado,	
	ya no puedes caminar.	
ALONSO	Deseo, Tello, escusar	
	a mis padres el cuidado:	
	a cualquier hora es forzoso	2110
	partirme.	
TELLO	Si hablas a Inés,	
	¿qué importa, señor, que estés	
	de tus padres cuidadoso?	
	Porque os ha de hallar el día	
	en esas rejas.	
ALONSO	No hará,	2115
	que el alma me avisará	
	como si no fuera mía.	
TELLO	Parece que hablan en ellas,	
	y que es, en la voz, Leonor.	

ALONSO	Y lo dice el resplandor	2120
	que da el sol a las estrellas.	

LEONOR, *en la reja.*

LEONOR	¿Es don Alonso?	
ALONSO	Yo soy.	
LEONOR	Luego mi hermana saldrá,	
	porque con mi padre está	
	hablando en las fiestas de hoy.	2125
	Tello puede entrar, que quiere	
	daros un regalo Inés.	
ALONSO	Entra, Tello.	
TELLO	Si después	
	cerraren y no saliere,	
	bien puedes partir sin mí,	2130
	que yo te sabré alcanzar.	
ALONSO	¿Cuándo, Leonor, podré entrar	
	con tal libertad aquí?	
LEONOR	Pienso que ha de ser muy presto,	
	porque mi padre de suerte	2135
	te encarece, que a quererte	
	tiene el corazón dispuesto.	
	Y porque se case Inés,	
	en sabiendo vuestro amor,	
	sabrá escoger lo mejor,	2140
	como estimarlo después.	

Sale DOÑA INÉS *a la reja.*

INÉS	¿Con quién hablas?	
LEONOR	Con Rodrigo.	
INÉS	Mientes, que mi dueño es.	
ALONSO	Que soy esclavo de Inés	
	al cielo doy por testigo.	2145
INÉS	No sois sino mi señor.	

2121 El *sol* de Inés a la *estrella* de Leonor.
2125 *hablar en:* cfr. 754 n. y 1671.

LEONOR	Ahora bien quiéroos dejar,	
	que es necedad estorbar,	
	sin celos, quien tiene amor.	
INÉS	¿Cómo estáis?	
ALONSO	Como sin vida.	2150
	Por vivir os vengo a ver.	
INÉS	Bien había menester	
	la pena desta partida,	
	para templar el contento	
	que hoy he tenido de veros	2155
	ejemplo de caballeros	
	y de las damas tormento.	
	De todas estoy celosa:	
	que os alabasen quería,	
	y después me arrepentía,	2160
	de perderos temerosa.	
	¡Qué de varios pareceres!	
	¡Qué de títulos y nombres	
	os dio la envidia en los hombres,	
	y el amor en las mujeres!	2165
	Mi padre os ha codiciado	
	por yerno, para Leonor,	
	y agradecióle mi amor,	
	aunque celosa, el cuidado;	
	que habéis de ser para mí	2170
	y así se lo dije yo,	
	aunque con la lengua no,	
	pero con el alma sí.	
	Mas ¡ay! ¿Cómo estoy contenta	
	si os partís?	
ALONSO	Mis padres son	2175
	la causa.	
INÉS	Tenéis razón;	
	mas dejadme que lo sienta.	
ALONSO	Yo lo siento, y voy a Olmedo,	

2152 *partida:* separación.

2178 Sigue una glosa de «aquellas coplas antiguas, que fueron en su tiempo celebradas» (como escribe Cervantes, *Persiles*, dedicatoria al

190

dejando el alma en Medina:
no sé cómo parto y quedo;   2180
amor la ausencia imagina:
los celos, señora, el miedo;
así parto muerto y vivo,
que vida y muerte recibo.
Mas ¿qué te puedo decir,   2185
cuando estoy para partir,
puesto ya el pie en el estribo?
    Ando, señora, estos días,
entre tantas asperezas
de imaginaciones mías,   2190
consolado en mis tristezas
y triste en mis alegrías;
tengo, pensando perderte,
imaginación tan fuerte,
y así en ella vengo y voy,   2195
que me parece que estoy
con las ansias de la muerte.
    La envidia de mis contrarios
temo tanto, que, aunque puedo
poner medios necesarios,   2200
estoy entre amor y miedo
haciendo discursos varios.
Ya para siempre me privo
de verte, y de suerte vivo,
que, mi muerte presumiendo,   2205
parece que estoy diciendo:

---

conde de Lemos), y el mismo Lope recordó varias veces (cfr. arriba,
página 33).

[2179] Porque el alma del amante está más «ubi amat, quam ubi animat»
(según recuerda Erasmo, *Apotegmas*, V); es lugar común, como lo es el
concepto del verso siguiente. Lope los desarrolla muchas veces, especialmente en un celebradísimo soneto de las *Rimas humanas:* «Ir y quedarse y con quedar partirse, / partir sin alma y ir con alma ajena...».

[2181] *imaginar:* «se toma por idear fantásticamente, sin fundamento,
razón ni principio» *(Autoridades).* Comp. 153-4 y n., 1362, 2416;
y nótese que la *imaginación* o *imaginaciones* que en seguida se subrayan
(2190, 2194, 2235, 2269) son manifestaciones características del temperamento melancólico (vid. arriba, pág. 17, n. 13).

«Señora, aquesta te escribo».
　　　　Tener de tu esposo el nombre
amor y favor ha sido;
pero es justo que me asombre,　　　　　　　　2210
que amado y favorecido
tenga tal tristeza un hombre.
Parto a morir, y te escribo
mi muerte, si ausente vivo,
porque tengo, Inés, por cierto　　　　　　　　2215
que si vuelvo será muerto,
pues partir no puedo vivo.
　　　　Bien sé que tristeza es;
pero puede tanto en mí,
que me dice, hermosa Inés:　　　　　　　　　2220
«Si partes muerto de aquí,
¿cómo volverás después?»
Yo parto, y parto a la muerte,
aunque morir no es perderte;
que si el alma no se parte,　　　　　　　　　2225
¿cómo es posible dejarte,
cuanto más, volver a verte?

INÉS　　　　Pena me has dado y temor
con tus miedos y recelos;
si tus tristezas son celos,　　　　　　　　　2230
ingrato ha sido tu amor.
　　　　Bien entiendo tus razones;
pero tú no has entendido
mi amor.

ALONSO　　　　　　Ni tú que han sido
estas imaginaciones　　　　　　　　　　　　2235
sólo un ejercicio triste
del alma, que me atormenta,
no celos; que fuera afrenta
del nombre, Inés, que me diste.
　　　　De sueños y fantasías,　　　　　　　　2240
si bien falsas ilusiones,
han nacido estas razones,
que no de sospechas mías.

LEONOR *sale a la reja.*

INÉS   Leonor vuelve. ¿Hay algo?
LEONOR   Sí.
ALONSO   ¿Es partirme?
LEONOR   Claro está.   2245
            Mi padre se acuesta ya
            y me preguntó por ti.
INÉS   Vete, Alonso, vete. Adiós.
            No te quejes, fuerza es.
ALONSO   ¿Cuándo querrá Dios, Inés,   2250
            que estemos juntos los dos?
                  Aquí se acabó mi vida,
            que es lo mismo que partirme.
            Tello no sale, o no puede
            acabar de despedirse.   2255
            Voyme, que él me alcanzará.

            Al entrar, una SOMBRA *con una máscara*
            negra y sombrero, y puesta la mano en el
            puño de la espada, se le ponga delante*.

ALONSO   ¿Qué es esto? ¿Quién va? De oírme
            no hace caso. ¿Quién es? Hable.
            ¡Que un hombre me atemorice,
            no habiendo temido a tantos!   2260
            ¿Es don Rodrigo? ¿No dice
            quién es?
SOMBRA   Don Alonso.
ALONSO   ¿Cómo?
SOMBRA   Don Alonso.
ALONSO   No es posible.
            Mas otro será, que yo
            soy don Alonso Manrique...   2265
            Si es invención, ¡meta mano!

_____

  * Cfr. la introducción, págs. 72-74.
  2266 *meta mano* a la espada.

                                                                 193

Volvió la espalda. Seguirle
desatino me parece.
¡Oh imaginación terrible!
Mi sombra debió de ser...   2270
Mas no, que en forma visible
dijo que era don Alonso.
Todas son cosas que finge
la fuerza de la tristeza,
la imaginación de un triste.   2275
¿Qué me quieres, pensamiento,
que con mi sombra me afliges?
Mira que temer sin causa
es de sujetos humildes.
... O embustes de Fabia son,   2280
que pretende persuadirme
porque no me vaya a Olmedo,
sabiendo que es imposible.
Siempre dice que me guarde,
y siempre que no camine   2285
de noche, sin más razón
de que la envidia me sigue.
Pero ya no puede ser
que don Rodrigo me envidie,
pues hoy la vida me debe;   2290
que esta deuda no permite
que un caballero tan noble
en ningún tiempo la olvide.
Antes pienso que ha de ser
para que amistad confirme   2295
desde hoy conmigo en Medina;
que la ingratitud no vive
en buena sangre, que siempre
entre villanos reside.
En fin, es la quinta esencia   2300
de cuantas acciones viles

2280 Recuérdese que una comedia de Lope se titula *Los embustes
de Fabia.*

tiene la bajeza humana
pagar mal quien bien recibe.

Vase.

Salen Don Rodrigo, Don Fernando,
Mendo *y* Laín.

RODR.	Hoy tendrán fin mis celos y su vida.	
FERN.	Finalmente, ¿venís determinado?	2305
RODR.	No habrá consejo que su muerte impida,	

después que la palabra me han quebrado.
Ya se entendió la devoción fingida,
ya supe que era Tello, su criado,
quien la enseñaba aquel latín que ha sido 2310
en cartas de romance traducido.
　¡Qué honrada dueña recibió en su casa
don Pedro en Fabia! ¡Oh mísera doncella!
Disculpo tu inocencia, si te abrasa
fuego infernal de los hechizos della.　　2315
No sabe, aunque es discreta, lo que pasa,
y así el honor de entrambos atropella.
¡Cuántas casas de nobles caballeros
han infamado hechizos y terceros!
　Fabia, que puede trasponer un monte;　2320
Fabia, que puede detener un río
y en los negros ministros de Aqueronte
tiene, como en vasallos, señorío;
Fabia, que deste mar, deste horizonte,
al abrasado clima, al Norte frío　　　　2325
puede llevar un hombre por el aire,
le da liciones: ¿hay mayor donaire?

[2304] En el teatro de Lope, «el uso principal de las octavas es para el diálogo factual, especialmente con conflicto dramático, en tono elevado y situación grave unas veces, ordinarios otras» (D. Marín); y cfr. *Arte nuevo*, 309-310: «Las relaciones piden los romances, / aunque en otavas lucen por estremo.»

[2320] Esta y las siguientes son formas tópicas de ponderar la habilidad de una hechicera (cfr. ya Ovidio, *Amores*, I, 8, 6, y *Heroidas*, VI, versos 85 y ss.).

FERN.	Por la misma razón yo no tratara
	de más venganza.
RODR.	¡Vive Dios, Fernando,
	que fuera de los dos bajeza clara! 2330
FERN.	No la hay mayor que despreciar amando.
RODR.	Si vos podéis, yo no.
MENDO	Señor, repara
	en que vienen los ecos avisando
	de que a caballo alguna gente viene.
RODR.	Si viene acompañado, miedo tiene. 2335
FERN.	No lo creas, que es mozo temerario.
RODR.	Todo hombre con silencio esté escondido.
	Tú, Mendo, el arcabuz, si es necesario,
	tendrás detrás de un árbol prevenido.
FERN.	¡Qué incostante es el bien, qué loco 2340
	[y vario!
	Hoy a vista de un rey salió lucido,
	admirado de todos a la plaza,
	y ¡ya tan fiera muerte le amenaza!

Escóndanse, y salga DON ALONSO.

ALONSO	Lo que jamás he temido,
	que es algún recelo o miedo, 2345
	llevo caminando a Olmedo.
	Pero tristezas han sido.
	Del agua el manso rüido
	y el ligero movimiento
	destas ramas, con el viento, 2350
	mi tristeza aumentan más.
	Yo camino, y vuelve atrás
	mi confuso pensamiento.
	De mis padres el amor
	y la obediencia me lleva, 2355
	aunque esta es pequeña prueba
	del alma de mi valor.
	Conozco que fue rigor

2351 Con razón advierte J. M. Blecua «el tono profundamente romántico» de estos cuatro versos.

el dejar tan presto a Inés...
¡Qué escuridad! Todo es   2360
horror, hasta que el Aurora
en las alfombras de Flora
ponga los dorados pies.

Toca.

Allí cantan. ¿Quién será?
Mas será algún labrador   2365
que camina a su labor.
Lejos parece que está;
pero acercándose va.
Pues ¡cómo!: lleva instrumento,
y no es rústico el acento,   2370
sino sonoro y süave.
¡Qué mal la música sabe,
si está triste el pensamiento!

Canten desde lejos en el vestuario, y véngase
acercando la voz, como que camina.

Que de noche le mataron
    al caballero,   2375
la gala de Medina,
    la flor de Olmedo.

ALONSO   ¡Cielos! ¿Qué estoy escuchando?
            Si es que avisos vuestros son,

2357 *el alma:* como si dijera, 'la esencia' o 'el talante definitorio';
cfr. 348 n. («alma de[l] afeite») o «'el alma de la ley' es la razón en que
está fundada» (Covarrubias). Pero tampoco cabe descartar un modo
de hipérbaton bien conocido: 'del valor de mi alma' o 'ánimo'.
M. Morreale opina que «tal vez pueda decirse que [en el giro 'el alma
del valor de alguno'] la moción de masculino de *ánimo* ha pasado
a *valor*, al parecer tras invertirse la relación de los términos».

2361 *el Aurora:* etimológicamente, *el* no es el artículo masculino,
sino el antiguo *ela* (< ILLA) femenino abreviado ante vocal.

2362 *Flora:* la diosa de las flores.

2373 Es idea vieja, muy repetida por Lope, gran melómano: «Es
música..., / y así al triste triste suena, / y al alegre alegremente» *(El
ganso de oro*, III).

	ya que estoy en la ocasión,	2380
	¿de qué me estáis informando?	
	Volver atrás, ¿cómo puedo?	
	Invención de Fabia es,	
	que quiere, a ruego de Inés,	
	hacer que no vaya a Olmedo.	2385
LA VOZ	*Sombras le avisaron*	
	que no saliese,	
	y le aconsejaron	
	que no se fuese	
	el caballero,	2390
	la gala de Medina,	
	la flor de Olmedo.	
ALONSO	¡Hola, buen hombre, el que canta!	
LABR.	¿Quién me llama?	
ALONSO	Un hombre soy	
	que va perdido.	
LABR.	Ya voy.	2395

Sale un LABRADOR.

	Veisme aquí.	
ALONSO	(Todo me espanta.)	
	¿Dónde vas?	
LABR.	A mi labor.	
ALONSO	¿Quién esa canción te ha dado,	
	que tristemente has cantado?	
LABR.	Allá en Medina, señor.	2400
ALONSO	A mí me suelen llamar	
	el Caballero de Olmedo,	
	y yo estoy vivo...	
LABR.	No puedo	
	deciros deste cantar	
	más historias ni ocasión	2405
	de que a una Fabia la oí.	

2380 *la ocasión*, al parecer, que sugieren la seguidilla y la glosa inmediata (2386-92); cfr. 1896 (y n.), 1909, 1913, 2405.

2406 *la oí:* anticipa ya *la canción* de 2408.

	Si os importa, yo cumplí	
	con deciros la canción.	
	Volved atrás, no paséis	
	deste arroyo.	
ALONSO	En mi nobleza,	2410
	fuera ese temor bajeza.	
LABR.	Muy necio valor tenéis.	
	Volved, volved a Medina.	
ALONSO	Ven tú conmigo.	
LABR.	No puedo.	
ALONSO	¡Qué de sombras finge el miedo!	2415
	¡Qué de engaños imagina!	
	Oye, escucha. ¿Dónde fue,	
	que apenas sus pasos siento?	
	¡Ah, labrador! Oye, aguarda...	
	«Aguarda», responde el eco.	2420
	¡Muerto yo! Pero es canción	
	que por algún hombre hicieron	
	de Olmedo, y los de Medina	
	en este camino han muerto.	
	A la mitad dél estoy:	2425
	¿qué han de decir si me vuelvo?	
	Gente viene... No me pesa;	
	si allá van, iré con ellos.	

Salgan DON RODRIGO *y* DON FERNANDO
y su gente.

RODR.	¿Quién va?	
ALONSO	Un hombre. ¿No me ven?	
FERN.	Deténgase.	
ALONSO	Caballeros,	2430
	si acaso necesidad	
	los fuerza a pasos como éstos,	
	desde aquí a mi casa hay poco:	
	no habré menester dineros;	
	que de día y en la calle	2435
	se los doy a cuantos veo	

2423 *y* al que *los de Medina*...

	que me hacen honra en pedirlos.	
RODR.	Quítese las armas luego.	
ALONSO	¿Para qué?	
RODR.	Para rendillas.	
ALONSO	¿Saben quién soy?	

FERN.   El de Olmedo,   2440
          el matador de los toros,
          que viene arrogante y necio
          a afrentar los de Medina;
          el que deshonra a don Pedro
          con alcagüetes infames.   2445
ALONSO   Si fuérades a lo menos
          nobles vosotros, allá,
          pues tuvistes tanto tiempo,
          me hablárades, y no agora,
          que solo a mi casa vuelvo.   2450
          Allá en las rejas, adonde
          dejastes la capa huyendo,
          fuera bien, y no en cuadrilla
          a media noche, soberbios.
          Pero confieso, villanos,   2455
          que la estimación os debo:
          que, aun siendo tantos, sois pocos.

          Riñan.

RODR.   Yo vengo a matar, no vengo
          a desafíos, que, entonces,
          te matara cuerpo a cuerpo.   2460
          Tírale.

          Disparen dentro.

ALONSO   Traidores sois;

2446 *fuérades:* cuando átonas (en voces esdrújulas), las formas verbales en *-ades*, *-edes*, compitieron con sus reducciones en *-ais*, *-eis*, hasta bien entrado el siglo XVII, quizá por lo poco común de diptongos y triptongos en sílaba sin acento.

	pero sin armas de fuego	
	no pudiérades matarme.	
	¡Jesús!	
FERN.	¡Bien lo has hecho, Mendo!	
ALONSO	¡Qué poco crédito di	2465
	a los avisos del cielo!	
	Valor propio me ha engañado,	
	y muerto envidias y celos.	
	¡Ay de mí! ¿Qué haré en un campo	
	tan solo?	

Sale TELLO.

TELLO	Pena me dieron	2470
	estos hombres que a caballo	
	van hacia Medina huyendo.	
	Si a don Alonso habían visto	
	pregunté; no respondieron.	
	¡Mala señal! Voy temblando.	2475
ALONSO	¡Dios mío, piedad! ¡Yo muero!	
	Vos sabéis que fue mi amor	
	dirigido a casamiento.	
	¡Ay, Inés!	
TELLO	De lastimosas	
	quejas siento tristes ecos.	2480
	Hacia aquella parte suenan.	
	No está del camino lejos	
	quien las da. No me ha quedado	
	sangre; pienso que el sombrero	
	puede tenerse en el aire	2485
	solo en cualquiera cabello.	
	¡Ah, hidalgo!	

2462 Las *armas de fuego* subrayan la indefensión del protagonista, a quien ni siquiera se le brinda la oportunidad de morir luchando como corresponde a un caballero; «el diablo inventó tan mala cosa, que ya no se puede conocer la virtud y esfuerzo de los caballeros en las batallas» (J. L. de Palacios Rubios, *Tratado del esfuerzo bélico heroico*, 1524).

2470 *Pena me dieron:* no, desde luego, como se entendería modernamente, sino 'me dieron que temer, me preocuparon' (cfr. 205 y n.).

ALONSO	¿Quién es?
TELLO	¡Ay, Dios!

TELLO ¿Por qué dudo lo que veo?
Es mi señor don Alonso.

ALONSO Seas bien venido, Tello.   2490

TELLO ¿Cómo, señor, si he tardado?
¿Cómo, si a mirarte llego
hecho una fiera de sangre?
¡Traidores, villanos, perros,
volved, volved a matarme,   2495
pues habéis, infames, muerto
el más noble, el más valiente,
el más galán caballero
que ciñó espada en Castilla!

ALONSO Tello, Tello, ya no es tiempo   2500
más que de tratar del alma.
Ponme en tu caballo presto
y llévame a ver mis padres.

TELLO ¡Qué buenas nuevas les llevo
de las fiestas de Medina!   2505
¿Qué dirá aquel noble viejo?
¿Qué hará tu madre y tu patria?
¡Venganza, piadosos cielos!

Salen DON PEDRO, DOÑA INÉS,
DOÑA LEONOR, FABIA y ANA.

INÉS ¿Tantas mercedes ha hecho?

PEDRO Hoy mostró con su real   2510
mano, heroica y liberal,
la grandeza de su pecho.
Medina está agradecida,
y, por la que he recibido,
a besarla os he traído.   2515

LEONOR ¿Previene ya su partida?

PEDRO Sí, Leonor, por el Infante,
que aguarda al Rey en Toledo.

_____

2514 *la* merced *que...*

	En fin, obligado quedo;	
	que por merced semejante,	2520
	más por vosotras lo estoy,	
	pues ha de ser vuestro aumento.	
LEONOR	Con razón estás contento.	
PEDRO	Alcaide de Burgos soy.	
	Besad la mano a Su Alteza.	2525
INÉS	¡Ha de haber ausencia, Fabia!	
FABIA	Más la fortuna te agravia.	
INÉS	No en vano tanta tristeza	
	he tenido desde ayer.	
FABIA	Yo pienso que mayor daño	2530
	te espera, si no me engaño,	
	como suele suceder,	
	que en las cosas por venir	
	no puede haber cierta ciencia.	
INÉS	¿Qué mayor mal que la ausencia,	2535
	pues es mayor que morir?	
PEDRO	Ya, Inés, ¿qué mayores bienes	
	pudiera yo desear,	
	si tú quisieras dejar	
	el propósito que tienes?	2540
	No porque yo te hago fuerza,	
	pero quisiera casarte.	
INÉS	Pues tu obediencia no es parte	
	que mi propósito tuerza.	
	Me admiro de que no entiendas	2545
	la ocasión.	
PEDRO	Yo no la sé.	
LEONOR	Pues yo por ti la diré,	
	Inés, como no te ofendas.	
	No la casas a su gusto.	
	¡Mira qué presto!	
PEDRO	Mi amor	2550

2522 *aumento:* medro, provecho, mejora.

2526 Inés piensa en que habrá de irse a Burgos, pero irónicamente, sin ella saberlo, la *ausencia* que de veras va a sentir es la muerte de don Alonso; véase arriba, pág. 30 y n. 35.

	se queja de tu rigor,	
	porque, a saber tu disgusto,	
	no lo hubiera imaginado.	
LEONOR	Tiene inclinación Inés	
	a un caballero, despúes	2555
	que el Rey de una cruz le ha honrado;	
	que esto es deseo de honor,	
	y no poca honestidad.	
PEDRO	Pues si él tiene calidad	
	y tú le tienes amor,	2560
	¿quién ha de haber que replique?	
	Cásate en buen hora, Inés.	
	Pero ¿no sabré quién es?	
LEONOR	Es don Alonso Manrique.	
PEDRO	Albricias hubiera dado.	2565
	¿El de Olmedo?	
LEONOR	Sí, señor.	
PEDRO	Es hombre de gran valor,	
	y desde agora me agrado	
	de tan discreta elección;	
	que, si el hábito rehusaba,	2570
	era porque imaginaba	
	diferente vocación.	
	Habla, Inés, no estés ansí.	
INÉS	Señor, Leonor se adelanta;	
	que la inclinación no es tanta	2575
	como ella te ha dicho aquí.	
PEDRO	Yo no quiero examinarte,	
	sino estar con mucho gusto	
	de pensamiento tan justo	
	y de que quieras casarte.	2580
	Desde agora es tu marido;	
	que me tendré por honrado	

2556 *cruz*: cfr. 1564 n., 1599.

2565 *albricias*: el regalo que se daba al recibir una buena noticia.

2571 *imaginaba*: no 'en ti', sino 'para ti'.

2577 *examinarte* la conciencia, como se habla de *explorar la voluntad* en 1272 n.

	de un yerno tan estimado,	
	tan rico y tan bien nacido.	
INÉS	Beso mil veces tus pies.	2585
	Loca de contento estoy,	
	Fabia.	
FABIA	El parabién te doy,	
	si no es pésame después.	
LEONOR	El Rey.	
PEDRO	Llegad a besar	
	su mano.	
INÉS	¡Qué alegre llego!	2590

Salen el REY, *el* CONDESTABLE *y gente,*
y DON RODRIGO *y* DON FERNANDO.

PEDRO	Dé Vuestra Alteza los pies,	
	por la merced que me ha hecho	
	del alcaidía de Burgos,	
	a mí y a mis hijas.	
REY	Tengo	
	bastante satisfación	2595
	de vuestro valor, don Pedro,	
	y de que me habéis servido.	
PEDRO	Por lo menos lo deseo.	
REY	¿Sois casadas?	
INÉS	No, señor.	
REY	¿Vuestro nombre?	
INÉS	Inés.	
REY	¿Y el vuestro?	2600
LEONOR	Leonor.	
COND.	Don Pedro merece	
	tener dos gallardos yernos,	
	que están presentes, señor,	
	y que yo os pido por ellos	
	los caséis de vuestra mano.	2605

2591 *Dé Vuestra Alteza* a besar *los pies*, según la tradicional fórmula
de respeto; cfr. 2585.

REY	¿Quién son?
RODR.	Yo, señor, pretendo,
	con vuestra licencia, a Inés.
FERN.	Y yo a su hermana le ofrezco
	la mano y la voluntad.
REY	En gallardos caballeros	2610
	emplearéis vuestras dos hijas,
	don Pedro.
PEDRO	Señor, no puedo
	dar a Inés a don Rodrigo,
	porque casada la tengo
	con don Alonso Manrique,	2615
	el Caballero de Olmedo,
	a quien hicistes merced
	de un hábito.
REY	Yo os prometo
	que la primera encomienda
	sea suya...
RODR.	¡Estraño suceso!	2620
FERN.	Ten prudencia.
REY	Porque es hombre
	de grandes merecimientos.

Sale TELLO.

TELLO	Dejadme entrar.
REY	¿Quién da voces?
COND.	Con la guarda un escudero
	que quiere hablarte.
REY	Dejadle.	2625
COND.	Viene llorando y pidiendo
	justicia.
REY	Hacerla es mi oficio.
	Eso significa el cetro.
TELLO	Invictísimo don Juan,
	que del castellano reino,	2630

2624 *guarda:* guardia.

a pesar de tanta envidia,
gozas el dichoso imperio:
con un caballero anciano
vine a Medina, pidiendo
justicia de dos traidores;   2635
pero el doloroso exceso
en tus puertas le ha dejado,
si no desmayado, muerto.
Con esto yo, que le sirvo,
rompí con atrevimiento   2640
tus guardas y tus oídos:
oye, pues te puso el cielo
la vara de su justicia
en tu libre entendimiento,
para castigar los malos   2645
y para premiar los buenos.
La noche de aquellas fiestas
que a la Cruz de Mayo hicieron
caballeros de Medina,
para que fuese tan cierto   2650
que donde hay cruz hay pasión;
por dar a sus padres viejos
contento de verle libre
de los toros, menos fieros
que fueron sus enemigos,   2655
partió de Medina a Olmedo
don Alonso, mi señor,
aquel ilustre mancebo
que mereció tu alabanza,
que es raro encarecimiento.   2660
Quedéme en Medina yo,
como a mi cargo estuvieron
los jaeces y caballos,
para tener cuenta dellos.

2631 El reinado de Juan II, como es sabido, se vio siempre turbado
por la ambición de los Infantes de Aragón, del Condestable, de la
nobleza...

Ya la destocada noche,   2665
de los dos polos en medio,
daba a la traición espada,
mano al hurto, pies al miedo,
cuando partí de Medina;
y al pasar un arroyuelo,   2670
puente y señal del camino,
veo seis hombres corriendo
hacia Medina, turbados
y, aunque juntos, descompuestos.
La luna, que salió tarde,   2675
menguado el rostro sangriento,
me dio a conocer los dos;
que tal vez alumbra el cielo
con las hachas de sus luces
el más escuro silencio,   2680
para que vean los hombres
de las maldades los dueños,
porque a los ojos divinos
no hubiese humanos secretos.
Paso adelante, ¡ay de mí!,   2685
y envuelto en su sangre veo
a don Alonso espirando.
Aquí, gran señor, no puedo
ni hacer resistencia al llanto,
ni decir el sentimiento.   2690
En el caballo le puse
tan animoso, que creo
que pensaban sus contrarios
que no le dejaban muerto.

2665 *destocada noche:* ¿quiere decir que la Noche, personificada, se ha quitado la toca o deshecho el tocado para acostarse (cfr. 1330), de suerte que ella misma duerma? ¿O alude más bien a que la Noche se muestra sin velos, desnuda, tal como en verdad?

2666 *polos:* «dos puntos inmovibles..., en los cuales, como en quicios, se vuelve todo el cielo» (Covarrubias); a media noche, pues.

2674 *descompuestos:* sin orden ni concierto.

2683 *los ojos divinos:* es imagen no inusual para referirse a la luna y el sol o, como aquí, las *hachas de... luces* de los astros.

	A Olmedo llegó con vida,	2695
	cuanto fue bastante, ¡ay cielo!,	
	para oír la bendición	
	de dos miserables viejos,	
	que enjugaban las heridas	
	con lágrimas y con besos.	2700
	Cubrió de luto su casa	
	y su patria, cuyo entierro	
	será el del fénix, Señor,	
	después de muerto viviendo	
	en las lenguas de la fama,	2705
	a quien conocen respeto	
	la mudanza de los hombres	
	y los olvidos del tiempo.	
REY	¡Estraño caso!	
INÉS	¡Ay de mí!	
PEDRO	Guarda lágrimas y estremos,	2710
	Inés, para nuestra casa.	

. . . .

INÉS	Lo que de burlas te dije,	
	señor, de veras te ruego.	
	Y a vos, generoso Rey,	2715
	destos viles caballeros	
	os pido justicia.	
REY	Dime,	
	pues pudiste conocerlos,	
	¿quién son esos dos traidores?	
	¿Dónde están? Que ¡vive el cielo	2720
	de no me partir de aquí	
	hasta que los deje presos!	
TELLO	Presentes están, Señor:	
	don Rodrigo es el primero,	
	y don Fernando el segundo.	2725

2705 Lope sin duda pensaba específicamente en las anteriores formulaciones poéticas de la leyenda del Caballero.

2720 Nótese que el ¡vive el cielo! está tan firmemente lexicalizado con valor de juramento, que lleva el mismo régimen del verbo: 'juro de no me partir...'.

COND.	El delito es manifiesto, su turbación lo confiesa.
RODR.	Señor, escucha...
REY	Prendedlos, y en un teatro mañana cortad sus infames cuellos: 2730 fin de la trágica historia del *Caballero de Olmedo*.

FIN DE LA COMEDIA
DEL
CABALLERO DE OLMEDO

2729 *teatro*: tablado.
2731 *trágica historia:* cfr. arriba, págs. 13-14. La designación de «comedia» en el colofón inmediato es enteramente ajena a Lope: debe atribuirse a la mera rutina de los editores.

Colección Letras Hispánicas

DE PRÓXIMA APARICIÓN